CÓMO HABLAR PARA QUE LOS NIÑOS ESCUCHEN Y CÓMO ESCUCHAR PARA QUE LOS NIÑOS HABLEN

CÓMO HABLAR PARA QUE LOS NIÑOS ESCUCHEN Y CÓMO ESCUCHAR PARA QUE LOS NIÑOS HABLEN

Adele Faber  Elaine Mazlish

EDITORIAL DIANA
MÉXICO

Título original: *How to talk so kids will listen & listen so kids will talk*
Traducción: Guadalupe Meza Staines
Diseño de portada: SET

Derechos reservados

© 1980, Adele Faber y Elaine Mazlish
Publicado en Estados Unidos por acuerdo con Rawson,
Wade Publishers, Inc.
Publicado en español mediante acuerdo con Rights Unlimited, Inc.

© 1980, Editorial Planeta Mexicana, S.A. de C.V.
Bajo el sello editorial DIANA
Avenida Presidente Masarik núm. 111, 2o. piso
Colonia Chapultepec Morales
C.P. 11570 México, D. F.
www.editorialplaneta.com.mx

Primera edición: mayo de 1989
Trigésima sexta reimpresión: agosto de 2009
ISBN-13: 978-968-890-019-2
ISBN-10: 968-890-019-2

Impreso en los talleres de Litográfica Cozuga, S.A. de C.V.
Av. Tlatilco núm. 78, colonia Tlatilco, México, D.F.
Impreso y hecho en México – *Printed and made in Mexico*

Contenido

Una carta a los lectores   9

Cómo leer y usar este libro   13

1. Cómo ayudar a los niños a enfrentarse a sus sentimientos   15

2. Cómo obtener cooperación   63

3. Alternativas para el castigo   105

4. Cómo fomentar la autonomía   153

5. Las alabanzas   189

6. Cómo liberar a los niños de la representación de papeles   219

7. Cómo reunir todos estos conocimientos   245

En resumen, ¿de qué trata este libro?   251

Algunos libros que pueden encontrar interesantes   253

Para un estudio adicional   255

Agradecimientos

A Leslie Faber y Robert Mazlish, nuestros consultores residentes, quienes siempre estuvieron a nuestra disposición, con una frase mejor, un nuevo pensamiento o una palabra de aliento.

A Carl, Joanna y Abram Faber, a Kathy, Liz y John Mazlish, quienes nos alentaron, por el solo hecho de ser quienes son.

A Kathy Menninger, quien supervisó el mecanografiado de nuestro manuscrito con una cuidadosa atención a los detalles.

A Kimberly Coe, quien recibió nuestras garrapateadas figuras e instrucciones y nos regresó unos dibujos de padres e hijos por los cuales sentimos un inmediato afecto.

A Robert Markel por su apoyo y su guía en los momentos críticos.

A Gerard Nierenberg, amigo y consejero, que con toda generosidad nos brindó su experiencia y sus conocimientos prácticos.

A los padres de nuestros talleres, por sus contribuciones escritas y por ser nuestros más severos críticos.

A Ann Marie Geiger y Patricia King, por su ilimitada entrega siempre que necesitamos de ellas.

A Jim Wade, nuestro editor, cuyo incesante buen humor y su preocupación por la calidad hicieron que fuese un placer trabajar con él.

Al doctor Haim Ginnott, quien nos enseñó nuevas formas para comunicarnos con los niños. Cuando falleció, los niños de todo el mundo perdieron a un gran campeón. Siempre se preocupó tanto porque "ya no hubiesen más lastimaduras en sus almas".

Una carta a los lectores

Querido lector,

Lo último que jamás pensamos hacer era escribir un libro de "cómo hacerlo" sobre el tema de la comunicación para los padres. La relación entre cada padre y su hijo es un asunto muy personal y privado; la idea de darle a alguien instrucciones sobre cómo hablar en una relación tan íntima como esa simplemente no nos parecía adecuada. En nuestro primer libro, *Padres liberados/Hijos liberados*, tratamos de no enseñar ni predicar. Teníamos una historia que queríamos relatar. Nuestros años pasados en los talleres con el finado psicólogo, doctor Haim Ginott, han afectado profundamente nuestra vida. Estábamos seguras de que si contábamos la historia de la forma en que nuestras nuevas habilidades habían cambiado la forma de tratar a nuestros hijos y a nosotras mismas, nuestros lectores captarían todo el valor que hay detrás de ellas y se sentirían inspirados para improvisar por cuenta propia.

Y hasta cierto punto, las cosas sí resultaron así. Muchos padres nos escribieron para comentarnos con orgullo lo que habían logrado en sus hogares por el solo hecho de leer acerca de nuestras experiencias. Pero también recibimos otras cartas y en las que se percibía un llamado común. Todos querían un segundo libro: un libro con "lecciones", "ejercicios de práctica", "métodos prácticos", "páginas con recordatorios que se pudieran desprender", alguna clase de material que los ayudara a aprender todas esas habilidades "paso a paso".

Durante algún tiempo consideramos seriamente la idea, pero regresó nuestra resistencia inicial y apartamos la idea de nuestra mente. Además, estábamos demasiado concentradas en los discursos y en los talleres que preparábamos para nuestras giras de conferencias.

Durante los siguientes años viajamos por todo el país, ofreciendo talleres para padres de familia, maestros, directores de escuelas, personal de hospitales, adolescentes y trabajadores de los centros de cuidados infantiles. A dondequiera que íbamos, la gente compartía con nosotros sus experiencias personales con estos nuevos métodos de comunicación, así como sus dudas, sus frustraciones y su entusiasmo. Nos sentíamos muy agradecidas con todas esas personas por su franqueza y aprendimos mucho de ellas. Nuestros archivos se llenaban cada vez más con un nuevo material muy excitante.

Mientras tanto, seguían llegando cartas, no sólo de Estados Unidos, sino también de Francia, Canadá, Israel, Nueva Zelanda, Las Filipinas y la India. La señora Anagha Ganpula, de Nueva Delhi, nos escribió:

"Hay tantos problemas acerca de los cuales me gustaría pedirles su consejo. . . Les suplico que me indiquen qué podría hacer para estudiar el tema a fondo. Me encuentro en un callejón sin salida. Las antiguas formas no me satisfacen y no poseo las nuevas habilidades. Por favor, ayúdenme a superar esto."

Ésa fue la carta que nos convenció.

Volvimos a empezar a pensar en la posibilidad de escribir un libro que enseñara "cómo hacerlo". Y mientras más hablábamos de ello, más complacidas nos sentíamos con la idea. ¿Por qué no escribir un libro sobre "cómo hacerlo", que incluyera algunos ejercicios, de manera que los padres pudieran aprender por sí mismos las habilidades que querían poseer?

¿Por qué no escribir un libro que les ofreciera a los padres una oportunidad de practicar lo que han aprendido a su propio ritmo, ya sea por sí mismos o con un amigo?

¿Por qué no un libro con cientos de ejemplos de diálogos útiles, de manera que los padres pudieran adaptar este nuevo lenguaje a su propio estilo personal?

El libro podría incluir caricaturas que demostraran esas habilidades en acción, de manera que un padre en apuros pudiera echarle un vistazo rápido a una imagen para refrescar su memoria.

Le daríamos a ese libro un carácter personal. Hablaríamos de nuestras propias experiencias, responderíamos a las preguntas que se hacen más comúnmente e incluiríamos las historias y las nuevas percepciones que los padres que asisten a nuestros grupos han compartido con nosotros a lo largo de los últimos seis años. Pero lo que es más importante, siempre tendríamos a la vista nuestra meta más importante, la constante búsqueda de métodos que afirmen la dignidad y la humanidad tanto de los padres como de los hijos.

De pronto se desvaneció nuestra inquietud original acerca de escribir un libro sobre "cómo hacerlo". Casi todas las artes y las ciencias tienen sus propios libros sobre sus habilidades. ¿Por qué no uno para los padres que quieren aprender a hablar para que sus hijos escuchen y aprender a escuchar para que sus hijos hablen?

Una vez que nos decidimos, rápidamente empezamos a escribir. Esperamos enviarle un ejemplar de cortesía a la señora Ganpule en Nueva Delhi, antes de que sus hijos hayan crecido.

Adele Faber
Elaine Mazlish

Cómo leer y usar este libro

Quizá parezca presuntuoso de nuestra parte decirle a cualquier persona cómo leer un libro (en particular cuando todos saben que ambas tenemos la costumbre de leer los libros empezando por la mitad, o incluso de atrás hacia adelante). Pero puesto que se trata de nuestro libro, nos gustaría decirles cómo deberían hacerlo. Una vez que ya tengan una idea del contenido después de hojear las páginas y ver las caricaturas, empiecen con el capítulo I. En realidad, deben *hacer* los ejercicios a medida que avanzan en su lectura; resistan la tentación de saltárselos y llegar a las "partes interesantes". Si tienen algún amigo o amiga compatible con quienes puedan trabajar en los ejercicios, tanto mejor. Esperamos que charlen sobre el tema y discutan sus respuestas en todos sus detalles.

También esperamos que escriban sus respuestas, de manera que este libro se convierta en un registro personal para ustedes. Escriban con claridad o en forma ilegible; cambien de opinión y tachen o borren, pero por favor, escriban.

Lean el libro lentamente. Nosotros necesitamos más de diez años para aprender las ideas que contiene. No estamos sugiriendo que se tomen todo ese tiempo para leerlo; pero si los métodos que aquí sugerimos tienen sentido para ustedes, quizá deseen hacer algunos cambios y es más fácil cambiar un poco a la vez que cambiarlo todo de inmediato. Una vez que hayan leído un capítulo, hagan a un lado el libro y concédanse una semana para terminar los ejercicios antes de seguir adelante. (Tal vez estén pensando, "¡Con todo lo que tengo que hacer, lo último que necesito es que alguien me deje una tarea!" Sin embargo, la experiencia nos dice que la disciplina para poner en práctica las habilidades y llevar un registro de los resultados ayuda a que esas habilidades estén en el lugar que les corresponde. . . en su mente).

Por último, un comentario acerca de los pronombres. Hemos tratado de evitar los incómodos "él/ella , de él/de ella, él mismo/ella misma" alternando indistintamente entre el género masculino y el femenino. Esperamos no haber menospreciado a ninguno de los sexos.

Quizá también se pregunten por qué algunas partes de este libro, que está escrito por dos personas, están escritas desde el punto de vista de una sola. Fue nuestra manera de resolver el molesto problema de tener que identificar constantemente a quién estaba hablando acerca de qué experiencia. Nos pareció que para nuestros lectores sería más fácil el "yo" que el "yo, Adele Faber. . ." o "yo, Elaine Mazlish. . .". En cuanto a nuestra convicción acerca del valor de las ideas contenidas en este libro, hablamos al unísono. Ambas hemos visto cómo funcionan estos métodos de comunicación con nuestras propias familias y con miles de otras. Para nosotras ahora es un gran placer compartir esos métodos con ustedes.

"Todo lo que se nos concede son posibilidades. . .
para hacer de nosotros una cosa u otra".
JOSÉ ORTEGA Y GASSET

1 | Cómo ayudar a los niños a enfrentarse a sus sentimientos

Yo fui una maravillosa madre antes de tener hijos. Era una experta en el porqué todos los padres tenían problemas con sus hijos. Después tuve tres hijos.

La vida con niños puede ser humillante. Cada mañana acostumbraba decirme a mí misma, "El día de hoy las cosas serán diferentes", y cada mañana era una variación de la anterior. "¡Le diste a ella más que a mí!". . . "¡Ésa es la taza color de rosa; yo quiero la azul!". . . "¡Esta avena parece vómito!". . . "Él me dio un puñetazo". . . "¡Ni siquiera lo toqué!". . . "No me iré a mi habitación. . . ¡Tú no eres el jefe!"

Al fin acabaron por agotar mi paciencia; y a pesar de que era lo último que jamás había soñado en hacer, me uní a un grupo de padres. El grupo se reunía en un centro de guía infantil de la localidad y al frente de él estaba un joven psicólogo, el doctor Haim Ginott.

La reunión resultó de lo más interesante. El tema fue "los sentimientos de los niños", y las dos horas pasaron sin sentirlas. Llegué a casa sintiendo que en mi mente giraban nuevos pensamientos y con un cuaderno de notas con ideas todavía sin digerir:

- *La relación directa entre lo que sienten los niños y la forma en que se comportan.*
- *Cuando los niños se sienten bien, se comportan bien.*
- *¿Cómo podemos ayudarlos a sentirse bien?*
- *¡Aceptando sus sentimientos!*

- *Problema — Los padres por lo común no aceptan los sentimientos de sus hijos; por ejemplo:*

  —*"En realidad tú no te sientes así."*
  —*"Simplemente dices eso porque estás cansado."*
  —*"No hay ninguna razón para que estés tan alterado."*

- *La constante negación de los sentimientos puede confundir y encolerizar a los niños. Y también les enseña a no saber cuáles son sus sentimientos. . . a no confiar en ellos.*

Después de la sesión, recuerdo que pensé, "Quizá otros padres actúan de esa manera; pero yo no". Entonces empecé a escucharme a mí misma. He aquí algunas muestras de las conversaciones en mi hogar en un solo día.

EL NIÑO: Mami, estoy cansado.
YO: No puedes estar cansado; acabas de dormir la siesta.
EL NIÑO: (*en voz más alta*). Pero estoy cansado.
YO: No estás cansado; sólo tienes un poco de sueño. Vamos a vestirte.
EL NIÑO: (sollozando). ¡No, estoy cansado!

EL NIÑO: Mami, hace mucho calor aquí.
YO: Está haciendo frío; déjate puesto el suéter.
EL NIÑO: No, tengo calor.
YO: "¡Te dije que te dejaras el suéter puesto!"
EL NIÑO: No, tengo calor.

EL NIÑO: Ese programa de televisión estuvo muy aburrido.
YO: No es verdad; fue muy interesante.
EL NIÑO: Fue estúpido.
YO: Fue educativo.
EL NIÑO: Apestaba.
YO: ¡No hables así!

¿Se dan cuenta de lo que estaba sucediendo? No sólo todas nuestras conversaciones se estaban convirtiendo en argumentos, sino que además yo le estaba repitiendo a mi hijo una y otra vez que no confiara en sus propias percepciones, sino en las mías.

Una vez que tuve conciencia de lo que estaba haciendo, decidí cambiar, pero no estaba muy segura de cómo podría lograrlo. Lo que al fin me ayudó fue ponerme en el lugar de mi hijo. Me pregunté a mí misma, "¿Supongamos que fuera una niña que está cansada, tiene calor o está aburrida? ¿Y supongamos que quisiera que ese adulto tan importante en mi vida se enterara de lo que yo estaba sintiendo. . .?"

Durante las siguientes semanas traté de sintonizarme con lo que creía que mis hijos podrían estar experimentando; y cuando lo hice, mis palabras parecieron seguir naturalmente a ese cambio. No sólo estaba usando una técnica; en realidad hablaba en serio cuando decía, "De manera que todavía estás cansado a pesar de que acabas de dormir la siesta". O bien, "Yo tengo frío, pero para ti aquí hace calor". O "Me doy cuenta de que no te agradó mucho ese programa". Después de todo éramos dos personas independientes, capaces de tener dos series diferentes de sentimientos; ninguno de los dos tenía razón o estaba equivocado. Cada uno de nosotros sentía lo que sentía.

Durante algún tiempo, mi nueva habilidad fue una gran ayuda; hubo una notable disminución en el número de discusiones entre los niños y yo. Luego un día mi hija declaró, "Odio a mi abuela" y se refería a *mi madre*. No dudé ni por un segundo. "Lo que acabas de decir es algo terrible", repliqué con brusquedad. "Bien sabes que no lo dices en serio. No quiero volver a oír esas palabras saliendo de tu boca."

Ese pequeño intercambio me enseñó algo más acerca de mí misma. Podía mostrar mi aceptación acerca de la mayoría de los sentimientos que albergaban los niños, pero que uno de ellos se atreviera a decirme algo que me hiciera sentir encolerizada o ansiosa y al instante volvía a mi antigua manera de ser.

Desde entonces he aprendido que mi reacción no era nada insólito. A continuación encontrará algunos ejemplos de otros comentarios que hacen los niños y que a menudo conducen a una negación automática de los padres. Por favor, lea cada uno de los comentarios y anote lo que usted piensa que un padre podría decir si estuviese negando los sentimientos de su hijo.

I. EL NIÑO: No me gusta el nuevo bebé.

   EL PADRE: (*negando el sentimiento*) _____

   _____

   _____

   _____

II. EL NIÑO: Tuve una fiesta de cumpleaños muy aburrida. (Después de que usted "se esmeró" para que fuese un día maravilloso).

   EL PADRE: (*negando el sentimiento*) _____

   _____

   _____

   _____

III. EL NIÑO: Ya no voy a usar mi paladar; me lastima. ¡Y no me importa lo que diga el ortodoncista!

   EL PADRE: (*negando el sentimiento*) _____

   _____

   _____

   _____

IV. EL NIÑO: ¡Estoy tan enojado! Sólo porque llegué dos minutos tarde a la clase de gimnasia, el maestro me expulsó del equipo.

   EL PADRE: (*negando el sentimiento*) _____

   _____

   _____

   _____

Tal vez se encontró escribiendo cosas como las siguientes:

• "Eso no es verdad. En el fondo de tu corazón sabes que en realidad amas al bebé."

- "¿De qué estás hablando? Tu fiesta fue maravillosa: helado, pastel de cumpleaños y globos. Pues bien, ¡no volverás a tener otra fiesta de cumpleaños!"
- "No es posible que tu paladar te lastime tanto. ¡Después de todo el dinero que hemos invertido en arreglarte la boca, usarás esa cosa, te guste o no!"
- "No tienes ningún derecho de estar enojado con el profesor. La culpa es tuya; debiste llegar a tiempo."

De alguna manera, esa clase de charla nos resulta muy fácil a muchos de nosotros, pero ¿cómo se sienten los niños cuando escuchan esos comentarios? A fin de que tenga una idea de lo que significa el que no se preste atención a los propios sentimientos, haga el siguiente ejercicio:

Imagínese que está en el trabajo. Su jefe le pide que le haga un trabajo especial y lo quiere terminado para el fin del día. Usted quiere encargarse de él de inmediato, pero debido a una serie de cosas urgentes que se presentan, se le olvida por completo. Las cosas se presentan a un ritmo tan caótico que apenas dispone de tiempo para comer.

Y cuando usted y sus compañeros de trabajo se disponen a irse a casa, su jefe se presenta y le pide el trabajo ya terminado. Rápidamente, usted trata de explicarle lo ocupado que estuvo todo el día.

Él lo interrumpe, exclamando en voz alta y muy enojado, "¡No me interesan sus disculpas! ¿Para qué diablos cree que le estoy pagando, para que se quede sentado todo el día sobre su trasero?" Y cuando usted abre la boca para hablar, lo interrumpe, "¡Ya basta!", y se dirige hacia el elevador.

Sus compañeros de trabajo fingen no haber escuchado; usted termina de recoger sus cosas y sale de la oficina. En el camino a su casa se encuentra con un amigo. Todavía está tan alterado que sin pensarlo empieza a contarle lo que le acaba de suceder.

Su amigo trata de "ayudarlo" en ocho formas diferentes. A medida que lea cada respuesta, averigüe cuál es su inmediata reacción "básica" y después anótela. (No hay reacciones buenas o malas. Cualquier cosa que sienta es la adecuada para usted).

I. *Negación de los sentimientos:* "No hay razón alguna para que te alteres tanto; probablemente todo se debe a que estás

cansado y estás exagerando las cosas fuera de toda propor-
ción. La situación no puede ser tan mala como pretendes.
Vamos, sonríe . . . Te ves tan bien cuando sonríes.''

Su reacción: _____

_____

_____

_____

II. *La respuesta filosófica*: ''Escucha, así es la vida. Las cosas
no siempre resultan tal y como queremos. Tienes que aprender a tomar las cosas a la ligera; en este mundo nada es
perfecto.''

Su reacción: _____

_____

_____

_____

III. *Consejo*: ''¿Sabes lo que creo que deberías hacer? Mañana
por la mañana ve directamente a la oficina de tu jefe y dile.
'Disculpe, yo estaba equivocado'. Después siéntate a terminar ese trabajo que no hiciste el día de hoy. No te dejes
atrapar por esas pequeñas urgencias que se presentan. Y
si eres listo y quieres conservar tu trabajo, asegúrate de que
no vuelva a suceder nada por el estilo.''

Su reacción: _____

_____

_____

_____

IV. *Preguntas*: ''¿Cuáles fueron exactamente esas cosas urgentes que te hicieron olvidar un encargo especial de tu jefe?''
    ''¿No te diste cuenta de que se encolerizaría si no lo ha-
cías de inmediato?''
    ''¿Ya había sucedido esto alguna vez?''

"¿Por qué no lo seguiste cuando salió de tu oficina y trataste de explicarle las cosas una vez más?"

Su reacción: _____

_____

_____

_____

V. *Defensa de la otra persona*: "Entiendo la reacción de tu jefe;
es probable que se encuentre bajo una presión terrible. Tienes suerte de que no pierda la paciencia con más frecuencia."

Su reacción: _____

_____

_____

_____

VI. *Compasión*: "Oh, pobre de ti, ¡qué terrible es eso! Me das
tanta lástima que podría llorar."

Su reacción: _____

_____

_____

_____

VII. *Psicoanálisis de aficionado*: "¿No se te ha ocurrido que la verdadera razón por la cual estás tan alterado por esto es porque
tu jefe representa una figura paterna en tu vida? Es probable
que cuando eras niño te preocuparas por disgustar a tu padre
y cuando tu jefe te reprendió, volvieron a surgir tus antiguos temores a un rechazo. ¿No es verdad?"

Su reacción: _____

_____

_____

_____

VIII. *Una respuesta de empatía* (un intento para sintonizarse con los sentimientos de la otra persona): "Vaya, me parece que fue una experiencia penosa. ¡Debió ser muy difícil verse sujeto a un ataque de esa naturaleza delante de otras personas, sobre todo después de estar bajo tanta presión!"

Su reacción: _____

_____

_____

_____

Acaba de explorar sus propias reacciones a algunas formas bastante típicas en que hablan las personas. Ahora me gustaría compartir con usted algunas de mis reacciones personales. Cuando estoy alterada o me siento ofendida, lo último que deseo escuchar es un consejo, una filosofía, una psicología o el punto de vista de la otra persona. Esa clase de charla sólo me hace sentir peor que antes. La compasión me deja sintiéndome digna de lástima; las preguntas me ponen a la defensiva; y lo más exasperante de todo es escuchar que no tengo ninguna razón para sentirme como me siento. Mi reacción dominante a la mayoría de esas respuestas es, "Oh, olvídalo. . . ¿qué caso tiene seguir discutiendo?"

Pero cuando alguien en realidad me escucha, cuando alguien reconoce mi dolor interno y me brinda una oportunidad para seguir hablando de lo que me molesta entonces empiezo a sentirme menos alterada, menos confundida, más capaz de enfrentarme a mis sentimientos y a mi problema.

Quizá incluso podría decirme a mí misma, "Mi jefe por lo general es justo, supongo que debí encargarme de inmediato de ese informe. . . Pero a pesar de todo no puedo pasar por alto lo que me hizo. . . Bien, mañana llegaré temprano y lo primero que haré será escribir ese informe. . . Pero cuando se lo lleve a su oficina, le haré saber lo mucho que me alteró el que me hablara de esa manera. . . Y también le haré saber que de aquí en adelante, cuando tenga alguna crítica, le agradecería que me la hiciera en privado".

El proceso no es diferente en el caso de nuestros hijos. Ellos también se pueden ayudar a sí mismos si cuentan con un oído dispuesto a escucharlos y con una respuesta empática. Pero el lenguaje de la empatía no es algo que surja naturalmente en nosotros; no es parte de nuestra "lengua materna". La mayoría de nosotros crecimos con la impresión de que negaban nuestros sentimientos. A fin de hablar con fluidez ese nuevo lenguaje de la aceptación, tenemos que aprender y practicar sus métodos. He aquí algunas formas para ayudar a los niños a enfrentarse a sus sentimientos.

PARA AYUDAR CON LOS SENTIMIENTOS

1. Escuche con toda atención.

2. Acepte sus sentimientos con una palabra. . . "Oh". . . "Mmm". . . "Ya veo".

3. Déles un nombre a los sentimientos de sus hijos.

4. Concédales sus deseos en la imaginación.

En las páginas siguientes verán el contraste entre estos métodos y las formas en las cuales las personas, por lo común, le responden a un niño que está acongojado.

Puede resultar de lo más desalentador tratar de llegar a alguien que sólo finge escuchar.

Resulta mucho más fácil contarle sus problemas a un padre que en realidad está escuchando. Ni siquiera tiene que decir nada; a menudo, todo lo que el niño necesita es un silencio pleno de comprensión.

25

A una niña le resulta difícil pensar con claridad o en forma constructiva cuando alguien trata de interrogarla, de culparla o de aconsejarla.

Se puede brindar una gran ayuda con un simple "Oh". . . . "um", o "Ya veo". Las expresiones como éstas, aunadas a una actitud solícita, son invitaciones para que una niña explore sus propios pensamientos y sentimientos y posiblemente encuentre sus propias soluciones.

Es muy extraño, pero cuando exhortamos a un niño para que **28** haga a un lado sus sentimientos negativos, por mucha bondad con que lo hagamos, el niño sólo parece cada vez más alterado.

Los padres, por lo común, no ofrecen esta clase de respuesta, porque temen que al darle un nombre al sentimiento, lo único que lograrán será empeorar las cosas. Pero sucede exactamente lo contrario. El niño que escucha las palabras que describen lo que está experimentando se siente profundamente consolado. Alguien ha reconocido su experiencia interna.

30 Cuando los niños quieren algo que no pueden tener, por lo común, los adultos responden con explicaciones lógicas acerca del porqué no pueden tenerlas. Mientras más nos esforzamos por explicarlo, mayores son sus protestas.

A veces, el solo hecho de que alguien comprenda lo mucho que el niño quiere algo hace que la realidad le resulte más fácil de soportar.

31

Pero algo más importante que cualquier palabra que podamos emplear es nuestra actitud. Si nuestra actitud no es compasiva, entonces cualquier cosa que digamos el niño la percibirá como algo falso o como una manipulación. Cuando nuestras palabras están impregnadas de nuestros verdaderos sentimientos de empatía, es cuando le hablan directamente al corazón del niño.

De las cuatro habilidades que acaban de ver ilustradas, quizá la más difícil sea tener que escuchar los estallidos emocionales de un niño y después "darle un nombre a ese sentimiento". Se requiere mucha práctica y concentración para poder ver más allá de lo que dice el niño, a fin de identificar lo que está sintiendo. Sin embargo, es muy importante que les enseñemos a nuestros hijos un vocabulario para su realidad interior. Una vez que conozcan las palabras para calificar lo que están experimentando, podrán empezar a ayudarse a sí mismos.

El siguiente ejercicio incluye una lista de seis comentarios que un niño podría hacerle a sus padres. Por favor lea cada uno de los comentarios y piense en:

1. Una o dos palabras que describan lo que está sintiendo el niño.

2. Un comentario que podría usted hacer para demostrarle al niño que comprende lo que él siente.

RECONOCIMIENTO DE LOS SENTIMIENTOS

El niño comenta	Una palabra que describa lo que él o ella podría estar sintiendo	Emplee en su comentario la palabra que demuestre que usted comprende ese sentimiento. (No pregunte ni aconseje).
EJEMPLO: "El chofer del autobús me gritó y todos se rieron de mí"	_____	_____ _____ _____ _____

1. "¡Me gustaría darle un puñetazo en la nariz a ese Michael!" _____ _____ _____ _____

2. "Sólo porque llovió un poco, mi profesora dijo que no podríamos ir al día de campo. Qué tonta es". _____ _____ _____ _____

3. "Mary me invitó a su fiesta, pero no sé. . .". _____ _____ _____ _____

4. "¡No sé por qué los maestros tienen que abrumarnos con tanta tarea los fines de semana!" _____ _____ _____ _____

5. "Hoy tuvimos práctica de baloncesto y no logré encestar la pelota una sola vez." _____ _____ _____ _____

6. "Janey va a mudarse de aquí y es mi mejor amiga." _____ _____ _____ _____

¿Se ha dado cuenta de toda la reflexión y el esfuerzo que se requieren para hacerle saber a un niño que usted sí tiene una idea de lo que está sintiendo? A la mayoría de nosotros no nos resulta nada fácil decir ciertas cosas como:

- "¡Vaya, sí que pareces estar muy enojado!", o
- "Eso debió ser una decepción para ti", o
- "Hmm. Parece que tienes ciertas dudas acerca de asistir a esa fiesta", o

- "Me da la impresión de que en verdad resientes todas esas tareas escolares", o
- "El hecho de que una amiga muy querida se mude a otra parte puede ser bastante frustrante."

Y no obstante, son comentarios de esta naturaleza los que les brindan consuelo a los niños y los dejan en libertad para empezar a enfrentarse a sus propios problemas. (A propósito, no se preocupen por emplear palabras demasiado altisonantes; la mejor manera de aprender una nueva palabra es escucharla en el contexto adecuado).

Quizás esté pensando. "Pues bien, en este ejercicio logré pronunciar una respuesta inicial que demostró que he comprendido. . . más o menos. Pero, ¿hacia dónde podría seguir la conversación a partir de ese punto? ¿Cómo podría continuar? ¿Es conveniente ofrecer después un consejo?"

Absténgase de dar consejos. Sé muy bien lo tentador que resulta tratar de resolver el problema de un niño con una solución inmediata:

- "Mami, estoy cansado."
- "Pues entonces, acuéstate y descansa."

- "Tengo hambre."
- "Pues, come algo."

- "No tengo hambre."
- "Entonces, no comas nada."

Resista la tentación de "mejorar las cosas" al instante. En vez de dar un consejo, siga aceptando los sentimientos de su hijo y reflexionando en ellos.

He aquí un ejemplo de lo que quiero decir. Un padre en uno de nuestros grupos comentó que su hijo menor llegó a casa armando un gran alboroto con el primer comentario en el cual usted acaba de trabajar en su libreta: "¡Me gustaría darle un puñetazo en la nariz a ese Michael!"

El padre nos comentó, "Por lo común, la conversación habría proseguido de la siguiente manera:

EL HIJO: ¡Me gustaría darle un puñetazo en la nariz a ese Michael!

EL PADRE: ¿Por qué? ¿Qué sucedió?

EL HIJO: ¡Tiró mi cuaderno en el lodo!

EL PADRE: Y bien, ¿tú no le hiciste algo primero?

EL HIJO: ¡No!

EL PADRE: Bueno, Michael es tu amigo. Si quieres seguir mi consejo, olvídate de todo; sabes, tú no eres tan perfecto. A veces tú eres el que empieza y después culpas a alguien más, como acostumbras hacerlo con tu hermano.

EL HIJO: No, no es cierto; él es el que empieza primero. . . Oh, nunca puedo hablar contigo.

Pero el padre acaba de asistir a un taller en donde aprendió la forma de ayudar a sus hijos a enfrentarse a sus sentimientos y lo que en realidad sucedió fue lo siguiente:

EL HIJO: ¡Me gustaría darle un puñetazo en la nariz a ese Michael!

EL PADRE: ¡Vaya, sí que estás enojado!

EL HIJO: ¡Quisiera deshacerle la cara!

EL PADRE: ¡*Así* de enojado estás con él!

EL HIJO: ¿Sabes lo que hizo ese pendenciero? Me quitó mi cuaderno en la parada del autobús y lo arrojó al lodo. ¡Y sin ningún motivo!

EL PADRE: ¡Hmmm!

EL HIJO: Apuesto que creyó que fui yo quien le rompió su pájaro de arcilla en la clase de modelado.

EL PADRE: De manera que eso crees.

EL HIJO: Claro, no dejó de verme todo el tiempo que estuvo llorando.

EL PADRE: Oh.

EL HIJO: Pero yo no lo rompí. ¡No lo hice!

EL PADRE: Tú *sabes* que no lo hiciste.

EL HIJO: Bueno, ¡no lo hice a propósito! No pude evitar que esa tonta de Debby me empujara contra la mesa.

EL PADRE: De manera que Debby te empujó.

EL HIJO: Así es. Se cayeron muchas cosas, pero lo único que se rompió fue el pájaro. Yo no quería romperlo; él había hecho un buen trabajo.

EL PADRE:	En realidad tú no quisiste romperlo.
EL HIJO:	No, pero él no quiso creerme.
EL PADRE:	Y no crees que te creería si le dijeras la verdad.
EL HIJO:	No sé, pero en cualquier forma se la diré, ya sea que me crea o no. ¡Y pienso que él debía disculparse por haber tirado mi cuaderno al lodo!

El padre estaba sorprendido. No hizo ninguna pregunta y, no obstante, el niño le contó toda la historia; no le dio ningún consejo y, sin embargo, el niño encontró su propia solución. Le parecía imposible haber ayudado tanto a su hijo por el solo hecho de escucharlo y de aceptar sus sentimientos.

Una cosa es hacer un ejercicio escrito y leer un diálogo modelo y otra es poner en práctica las habilidades en una situación real con nuestros hijos. Los padres que asisten a nuestros grupos comentan que resulta útil la representación de papeles entre ellos y adquiere una poca de práctica antes de enfrentarse a las situaciones reales en sus propios hogares.

A continuación encontrarán un ejercicio de representación de papeles que pueden hacer con un amigo o con su cónyuge. Decidan quién hará el papel del hijo y quién el del padre. Después lean sólo su parte.

La situación del niño
(Representación de papeles)

I. El médico declaró que usted tiene una alergia y que es necesario inyectarlo todas las semanas, para que no estornude tanto. A veces las inyecciones son dolorosas y otras veces apenas se sienten. La que le pusieron es de las que en verdad duelen. Después de salir del consultorio del doctor, quiere que sus padres sepan lo que sintió.

Su padre reaccionará en dos formas diferentes. La primera vez negará sus sentimientos, pero en cualquier forma siga tratando de que lo comprenda. Cuando la conversación llegue a una conclusión natural, pregúntese cuáles fueron sus sentimientos y comparta su respuesta con la persona que está representando el papel con usted.

Inicie la escena frotándose el brazo y diciendo,

"¡El doctor casi me mató con esa inyección!"

II. La situación es la misma, sólo que esta vez su padre reaccionará en una forma diferente. Una vez más, cuando la conversación llegue a una conclusión natural, pregúntese cuáles fueron sus sentimientos esta vez, y comparta su respuesta.

Inicie la escena en la misma forma, diciendo,

"¡El doctor casi me mató con esa inyección!"

Cuando haya representado dos veces la escena, quizá desee invertir los papeles, de manera que pueda experimentar el punto de vista del padre.

La situación del padre
(Representación de papeles)

I. Usted debe llevar a su hijo con el doctor para que cada semana le ponga una inyección antialérgica. A pesar de que sabe que su hijo tiene miedo de ir, también sabe que la mayor parte del tiempo las inyecciones sólo duelen unos segundos. El día de hoy, después de salir del consultorio, su hijo se queja amargamente.

Representará la misma escena dos veces. La primera vez, trate de que su hijo deje de quejarse negando sus sentimientos. Haga los siguientes comentarios (si lo prefiere, puede idear algunos comentarios propios):

- *"Vamos, no te dolió tanto."*
- *"Estás haciendo un gran escándalo por nada."*
- *"Tu hermano nunca se queja cuando lo inyectan."*
- *"Estás actuando como un bebé."*
- *"Bueno, más vale que te acostumbres a esas inyecciones; después de todo, tendrán que ponértelas cada semana".*

Cuando la conversación llegue a una conclusión natural, pregúntese cuáles fueron sus sentimientos y comparta su respuesta con la persona que está representando el papel con usted.

Su hijo iniciará la escena.

II. La escena es la misma, sólo que esta vez usted escuchará realmente.

Sus respuestas demostrarán que es capaz tanto de escuchar como de aceptar cualquier sentimiento que pudiese expresar su hijo. Por ejemplo:

- *"Me parece que en verdad te dolió."*
- *"Debió ser muy dolorosa."*
- *"¡Mmmm, así de malo fue!"*
- *"Me parece que es la clase de dolor que le desearías a tu peor enemigo."*
- *"No es fácil dejarse poner esas inyecciones cada semana: apuesto que te alegrarás cuando hayan terminado."*

Cuando la conversación llegue a una conclusión natural, pregúntese cuáles fueron sus sentimientos esta vez y comparta su respuesta.

Su hijo volverá a iniciar la escena.

Cuando haya representado dos veces la escena, quizá desee invertir los papeles, de manera que pueda experimentar el punto de vista del niño.

Cuando representó el papel del niño cuyos sentimientos fueron pasados por alto y negados, ¿descubrió que se sentía cada vez más encolerizado? ¿Empezó sintiéndose molesto por la inyección y acabó encolerizado con su padre?

Cuando representó el papel del padre que trató de detener las quejas, ¿descubrió que se sentía cada vez más irritado con su "irrazonable" hijo?

Por lo común, eso es lo que sucede cuando se niegan los sentimientos. Los padres y los hijos se vuelven cada vez más hostiles los unos hacia los otros.

Padre, cuando aceptó los sentimientos de su hijo, ¿se dio cuenta de que la discusión desaparecía de su intercambio? ¿Experimentó su poder de ser genuinamente útil?

Hijo, cuando vio que sus sentimientos eran aceptados, ¿se sintió más respetado? ¿Sintió más amor hacia su padre? ¿Le fue más fácil soportar el dolor cuando alguien reconoció lo mucho que le dolía? ¿Podría volver a enfrentarse a ese dolor la próxima semana?

Cuando reconocemos los sentimientos de un niño, le prestamos un gran servicio. Lo ponemos en contacto con su realidad interior. Y una vez que haya comprendido con claridad esa realidad, hace acopio de la fortaleza necesaria para empezar a enfrentarse a ella.

TAREA

1. Por lo menos una vez esta semana, sostenga una conversación con un niño, durante la cual usted acepte sus sentimientos. En el espacio a continuación, anote lo que se dijo cuando todavía esté fresco en su mente.

EL NIÑO: _____

EL PADRE: _____

EL NIÑO: _____

EL PADRE: _____

EL NIÑO: _____

EL PADRE: _____

EL NIÑO: _____

2. Lea la Segunda Parte de este capítulo. Aquí encontrará algunos comentarios adicionales acerca de las habilidades, las preguntas que se hacen con más frecuencia y algunos relatos personales de otros padres, que demuestran cómo pusieron en prácticas las nuevas habilidades en sus hogares.

SEGUNDA PARTE: **COMENTARIOS, PREGUNTAS E HISTORIAS DE LOS PADRES**

Preguntas que han hecho los padres

1. ¿Es importante que siempre le demuestre empatía a mi hijo?

No, muchas de las conversaciones que sostenemos con nuestros hijos consisten en intercambios informales. Si un niño dije-

Un rápido recordatorio. . .

Cómo ayudar a los niños
a enfrentarse a sus sentimientos

Los niños necesitan que sus sentimientos
sean aceptados y respetados.

1. PUEDE ESCUCHAR EN SILENCIO Y CON ATENCIÓN.

2. PUEDE ACEPTAR SUS SENTIMIENTOS CON UNA PALABRA.

   "Oh. . . Mmmm. . . Ya veo. . ."

3. PUEDE DARLE UN NOMBRE A UN SENTIMIENTO.

   "¡Eso me suena de lo más frustrante!"

4. PUEDE CONCEDERLE AL NIÑO SUS DESEOS EN LA IMAGINACIÓN.

   "¡Quisiera poder hacer que el plátano madurara justo en
   este momento para que te lo comieras!"

   • • •

   Todos los sentimientos pueden aceptarse.
   Ciertas acciones deben restringirse.

   "Me doy cuenta de lo enojado que estás con tu hermano".
   "Dile lo que quieres con palabras, no con los puños".

Nota: Quizás encuentre útil sacar una copia de ésta y otras páginas de "recordatorios" y
colocarlas en lugares estratégicos en toda su casa.

ra, "Mamá, el día de hoy decidí que iría a casa de David después de la escuela", parecería innecesario que el padre replicara, "De manera que has tomado la decisión de visitar a un amigo esta tarde". Un simple "Gracias por avisarme" sería una aceptación suficiente. El momento indicado para mostrar empatía es cuando un niño quiere hacerle saber cómo se siente. La reflexión sobre sus sentimientos positivos planea muy pocos problemas. No resulta difícil responder a un exuberante comentario de un pequeño, "¡Hoy obtuve una calificación de noventa y siete en mi examen de matemáticas!" con entusiasta, "¡Noventa y siete! ¡Debes sentirte muy complacido!"

Sus emociones *negativas* son las que requieren toda nuestra habilidad. Ahí es donde debemos superar la vieja tentación de pasar por alto, negar, moralizar, etcétera. Uno de los padres de familia comentó que le ayudó a volverse más sensible a las necesidades emocionales de sus hijos cuando empezó a comparar los sentimientos heridos y de infelicidad de un niño con las lastimaduras físicas. De alguna manera, la imagen de una cortada o de una herida lo ayudó a comprender que su hijo necesitaba una atención tan inmediata y seria para sus sentimientos heridos como la que necesitaría para una rodilla lastimada.

2. ¿Qué hay de malo con preguntarle directamente a un niño, "¿Por qué te sientes así?"

Algunos niños pueden decirle de inmediato porqué razón están atemorizados, enojados y porqué se sienten infelices; sin embargo, para muchos la pregunta de "¿Por qué?" sólo viene a sumarse a sus problemas. Además de su congoja inicial, ahora deben analizar la causa y encontrar una explicación razonable. Con mucha frecuencia, los niños no saben porqué se sienten como se sienten; otras veces se muestran renuentes a decirlo, porque temen que a los ojos de los adultos su razón no parezca lo bastante buena. ("¿Y por *eso* estás llorando?")

Para un pequeño que se siente infeliz es mucho más útil escuchar, "Veo que hay algo que te ha entristecido", en vez de interrogarlo con "¿Qué fue lo que sucedió?" o bien, "¿Por qué te sientes así?" Es más sencillo hablar con una persona adulta que entiende lo que el niño siente en vez de hacerlo con alguien que lo presiona para que dé alguna explicación.

3. ¿Trata de decir que debemos hacerles saber a nuestros hijos que estamos de acuerdo con sus sentimientos?

Los niños no necesitan que estemos de acuerdo con sus sentimientos; lo que necesitan es que los reconozcamos. El comentario, de "Tienes toda la razón", podrá ser satisfactorio por el momento, pero también puede impedir que un niño piense por sí mismo en las cosas.

Ejemplo:

EL NIÑO: La maestra dijo que suspenderá la obra de nuestro salón. ¡Es muy mala!

EL PADRE: ¿Después de todos esos ensayos? Estoy de acuerdo contigo. ¡Debe ser muy mala para hacer una cosa así!

Fin de la discusión.

Observe que para un niño es mucho más sencillo pensar en forma constructiva cuando se aceptan sus sentimientos:

EL NIÑO: Mi maestra dice que cancelará la obra de nuestro salón. Es muy mala.

EL PADRE: Eso debió ser una gran decepción para ti. Lo esperabas con tanta ansia.

EL NIÑO: Claro. Y sólo porque algunos niños se dedican a jugar durante los ensayos. La culpa es de *ellos.*

EL PADRE: (*escucha en silencio*).

EL NIÑO: Además, también está enojada porque nadie se sabe su papel.

EL PADRE: Ya veo.

EL NIÑO: Nos dijo que si "mostrábamos algún progreso", quizá nos daría otra oportunidad. . . Vale más que vuelva a repasar mi papel. ¿Quieres ayudarme esta noche dándome los pies?

Conclusión: Lo que a las personas de cualquier edad les gusta escuchar en un momento de aflicción no es una palabra de acuerdo o de desacuerdo; necesitan que alguien reconozca lo que están experimentando.

4. Si es tan importante demostrarle a mi hijo que lo entiendo, ¿qué tiene de malo decirle simplemente, "Entiendo cómo te sientes"?

El problema al decir "Entiendo cómo te sientes", es que algunos niños simplemente no lo creen. Responderán, "No, no lo entiendes". Pero si usted se toma la molestia de ser más específico ("El primer día de clases puede ser muy atemorizante, hay tantas cosas nuevas a las que tienes que acostumbrarte"), entonces el niño sabe que usted realmente lo entiende.

5. Supongamos que trato de identificar un sentimiento y resulta que estoy equivocado. ¿Qué sucederá entonces?

No habrá causado ningún daño; su hijo muy pronto lo corregirá.

Ejemplo:

EL NIÑO: Papá, retrasaron nuestro examen hasta la próxima semana.
EL PADRE: Debiste sentir un gran alivio.
EL HIJO: ¡No, me causó enojo! Ahora tendré que volver a estudiar lo mismo la próxima semana.
EL PADRE: Ya veo; esperabas haber terminado ya con eso.
EL NIÑO: ¡Por supuesto!

Sería presuntuoso que cualquier persona supiera que siempre puede saber lo que la otra persona está sintiendo. Todo lo que podemos hacer es tratar de comprender los sentimientos de nuestros hijos. No siempre lo lograremos, pero por lo común, ellos aprecian nuestros esfuerzos.

6. Sé que debemos aceptar los sentimientos, pero encuentro difícil saber cómo debo reaccionar cuando escucho, "Eres muy mala" o "Te odio" en labios de mi propio hijo.

Si ese "Te odio" la perturba, quizá desee hacerle saber a su hijo, "No me agradó lo que acabo de escuchar. Si estás enojado por algo, dímelo de otra manera. Entonces quizá yo pueda ayudarte".

7. ¿Hay alguna manera de ayudar a un niño que está enfadado, además de hacerle saber que entiendo sus sentimientos? Mi hijo da muestras de muy poca tolerancia hacia cualquier clase de frustración. Ocasionalmente sí parece ayudar cuando reconozco sus sentimientos y le comento algo así como, "¡Eso debió ser muy frustrante!" Pero por lo común, cuando se encuentra en un estado emocional así, ni siquiera me escucha.

Los padres que asisten a nuestros grupos han descubierto que cuando sus hijos están demasiado alterados, en ocasiones una poca de actividad física puede ayudar a mitigar parte de esos sentimientos dolorosos. Hemos escuchado incontables historias acerca de niños encolerizados que se han tranquilizado un poco después de pegarle a una almohada, de darles martillazos a algunas cajas viejas de cartón, de golpear y amasar arcilla, de rugir como leones o de lanzar dardos. Pero la actividad que a los padres les parece más cómodo observar y a los niños les satisface más, es dibujar lo que sienten. Los dos ejemplos siguientes ocurrieron con una semana de diferencia:

Acababa de regresar de una sesión en el taller y encontré a mi hijo de tres años de edad tirado en el suelo, con un gran berrinche. Mi esposo simplemente estaba parado ahí, muy disgustado y me dijo, "Muy bien, especialista en niños, veamos si puedes controlar a este pequeño". Creí que debía portarme a la altura de las circunstancias. Miré a Joshua, que seguía pataleando y gritando y tomé un lápiz y el bloc que estaba cerca del teléfono. Después me arrodillé a su lado y le entregué el lápiz y el bloc diciendo, "Vamos, enséñame qué tan enojado estás. Haz un dibujo que demuestre cómo te sientes".

De inmediato Joshua se puso en pie de un salto y empezó a dibujar furiosos círculos. Después me los enseñó y me comentó, "¡Así de enojado estoy!"

Yo repliqué, "¡En verdad *estás* enojado!" y desprendí otra hoja de papel del bloc. "Muéstrame más", le pedí.

Empezó a garrapatear furioso en la hoja y una vez más le

comenté, "¡Vamos, qué tan *enojado* estás!" Repetimos todo una vez más. Cuando le entregué la cuarta hoja de papel, definitivamente estaba más calmado. Se le quedó mirando durante largo tiempo y después declaró, "Ahora te enseñaré mis sentimientos felices" y trazó un círculo con dos ojos y una boca sonriente. Era increíble. En dos minutos pasó de la histeria a la sonrisa, sólo porque le permití demostrarme cómo se sentía. Después mi esposo me comentó, "sigue asistiendo a ese grupo".

En la siguiente sesión de nuestro grupo, otra madre nos habló de su experiencia empleando esa misma habilidad.

La semana pasada, cuando me enteré del caso de Joshua, mi primer pensamiento fue, "Cómo me gustaría poder usar ese enfoque con Todd". También tiene tres años de edad, pero tiene parálisis cerebral. Todo lo que los demás niños hacen de una manera natural a él le parece una tarea monumental, ponerse de pie sin caerse, mantener la cabeza erguida. Ha hecho notables progresos, pero aún así es muy fácil que se sienta frustrado. Cada vez que trata de hacer algo y no lo logra, se dedica a gritar durante horas interminables y no hay forma alguna de que yo pueda llegar a él. Lo peor de todo es que empieza a patearme y trata de morderme; creo que piensa que de alguna manera todas sus dificultades son culpa mía y que yo debería poder remediarlas. La mayor parte del tiempo está enojado conmigo.

Cuando regresaba a casa después del taller de la semana pasada, pensé, "¿Qué sucedería si sorprendo a Todd *antes* de que esté en plena rabieta?" Esa tarde estaba jugando con su nuevo rompecabezas; era muy sencillo, con unas cuantas piezas grandes. De todas maneras, no lograba encajar la última pieza y después de algunos intentos empezó a mostrar cierta mirada en su rostro y pensé, "Oh, no, ¡ya vamos a empezar!" Corrí hacia él gritándole, "¡Espera!. . . ¡No hagas nada!. . . ¡No te muevas!. . . ¡Voy a buscar algo!" Parecía muy sorprendido. Frenéticamente busqué en los estantes de su librero y encontré un gran crayón de color rojo y una hoja de papel para dibujar. Me senté en el suelo a su lado y le pregunté, "Todd, ¿así de enojado te sientes?" y entonces empecé a trazar grandes líneas en zigzag, hacia arriba y hacia abajo, una y otra vez.

"Sí", respondió y me arrebató el crayón, trazando con él grandes líneas desordenadas, como cuchilladas. Después perforó el papel una y otra vez hasta que quedó lleno de agujeros. Yo sostuve la hoja contra la luz y comenté, "Estás muy enojado. . . ¡estás absolutamente furioso!" Todd me arrebató la hoja, sin dejar de llorar y la rompió una y otra vez hasta que sólo quedó un montón de pedazos. Una vez que terminó, alzó la vista y me dijo, "Te quiero, mami". Fue la primera vez que me ha dicho eso.

Desde entonces he vuelto a intentarlo, pero no siempre funciona. Creo que debo buscar algún otro escape físico para él, como una bolsa de arena para que pueda pegarle, o algo por el estilo. Pero estoy empezando a darme cuenta de que lo más importante es que mientras él está golpeando, pegando o dibujando, yo esté ahí, vigilándolo y haciéndole comprender que puedo comprender y aceptar incluso sus sentimientos más encolerizados.

8. Si acepto todos los sentimientos de mi hijo, ¿no le dará eso la idea de que estaré de acuerdo con cualquier cosa que haga? No quiero convertirme en un padre permisivo.

Nosotros también nos preocupábamos por ser permisivos, pero gradualmente empezamos a darnos cuenta de que el enfoque sólo era permisivo en el sentido de que estaban permitidos toda clase de sentimientos. Por ejemplo, "Veo que te diviertes haciendo dibujos con tu tenedor en la mantequilla".

Pero eso no quiere decir que usted deba permitirle a un niño que se comporte de una manera que resulte inaceptable. En el momento de quitarle la mantequilla, también puede hacerle saber al joven "artista" que "la mantequilla no es para jugar. Si quieres dibujar puedes usar tu arcilla".

Hemos descubierto que cuando aceptamos los sentimientos de nuestros hijos, ellos aceptan de mejor manera los límites que les fijamos.

9. ¿Cuál es la objeción a la idea de darles un consejo a los niños cuando tienen un problema?

Cuando les damos un consejo a los niños, o les ofrecemos una solución instantánea, los estamos privando de la experiencia que se obtiene cuando luchan con sus propios problemas.

¿Hay alguna vez un momento para dar un consejo? Por supuesto.

Para una discusión más detallada de cuándo y cómo dar consejos véanse las páginas 161 a 163, bajo el título de "Más sobre los Consejos".

10. ¿Hay algo que sea posible hacer después de haberle dado a su hijo una respuesta que no lo ha ayudado? El día de ayer mi hija llegó a casa de la escuela muy alterada. Quería contarme cómo algunos niños la habían tomado con ella en el patio de recreo. Yo estaba cansada y preocupada, de manera que no le presté mucha atención y le pedí que dejara de llorar, que eso no era el fin del mundo. Parecía muy infeliz y se fue a su recámara. Sé que lo arruiné todo, pero ¿qué puedo hacer ahora?

Cada vez que un padre se dice a sí mismo, "Estoy seguro de que esta vez lo eché todo a perder; porqué no pensé decirle. . .", automáticamente tiene otra oportunidad. La vida con los niños es totalmente abierta; siempre hay otra oportunidad, más adelante, esa misma hora, día o semana, para decir, "He estado pensando en lo que antes me comentaste acerca de los niños que te molestaron en el patio de recreo, y me doy cuenta de que eso debió alterarte mucho".

La compasión siempre es bien recibida y apreciada, ya sea que surja más tarde o más temprano.

Advertencias

I. Los niños, por lo común, objetan cuando alguien les repite sus palabras exactas.

Ejemplo:

EL NIÑO: Ya no me agrada David.
EL PADRE: Ya no te agrada David.

EL NIÑO: *(molesto)* Eso es lo que acabo de decir.

Ese niño quizá habría preferido una respuesta menos parecida a la de un loro, tal como:

"Hay algo que te molesta de David."

O BIEN

"Me parece que en verdad estás molesto con él."

II. **Hay pequeños que prefieren que no se les diga una sola palabra cuando están alterados. Para ellos, es suficiente con la presencia de papá o de mamá.**

Una madre nos comentó que al entrar a la sala de su casa vio a su hija de diez años desplomada sobre el sofá con los ojos llenos de lágrimas. La madre se sentó a su lado y abrazándola, murmuró. "Te sucedió algo" y permaneció en silencio al lado de su hija durante cinco minutos. Al fin su hija suspiró, manifestando, "Gracias, mamá, ahora ya me siento mejor". La madre nunca se enteró de lo que había sucedido. Todo lo que supo fue que su consoladora presencia debió ser útil, porque una hora después escuchó a su hija tarareando quedamente en su recámara.

III. **Algunos niños se irritan cuando expresan una intensa emoción y la respuesta de sus padres es "correcta", pero fría.**

Una adolescente que asiste a uno de nuestros talleres nos comentó que una tarde llegó a casa encolerizada porque su mejor amiga había traicionado un secreto muy personal. Le contó a su madre lo sucedido, pero ella le respondió en una forma de lo más desapasionada, "Estás enojada". La jovencita declaró que no pudo evitar una sarcástica réplica, "no me digas".

Le preguntamos qué le habría gustado que su madre le dijera, se quedó pensando durante un momento y respondió, "No fueron las palabras, sino la forma de decirlas. Fue como si estuviera hablando de los sentimientos de alguien que ni siquiera le importara. Creo que yo quería que me demostrara que estaba de

48

mi parte. Si sólo hubiera dicho algo así como, '¡Vaya, Cindy, debes estar *furiosa* con ella!' entonces yo habría sentido que me comprendía''.

IV. Tampoco ayuda cuando los padres responden con una intensidad mayor de la que experimenta el niño.

Ejemplo:

EL ADOLESCENTE: (*gruñendo*). Steve me dejó esperando en la esquina durante media hora y después inventó una historia que sé que no es cierta.

LA MADRE: ¡Eso es algo imperdonable! ¿Cómo pudo hacerte una cosa así? Es de lo más desconsiderado e irresponsable. Debes sentirte con ganas de no volver a verlo jamás.

Probablemente a ese adolescente jamás se le ocurrió reaccionar en forma tan violenta con su amigo, o considerar una represalia tan drástica. Quizá todo lo que necesitaba de su madre era un gruñido comprensivo y un movimiento de cabeza que indicara que simpatizaba con su irritación ante la conducta de su amigo. No necesitaba la carga adicional de tener que enfrentarse a las violentas emociones de su madre.

V. Los niños no aprecian que sus padres repitan los calificativos que ellos se aplican a sí mismos.

Cuando un niño le dice que es feo, tonto o gordo, en nada ayuda replicar, ''Oh, de manera que crees que eres tonto'' o ''En verdad piensas que eres feo''. No debemos cooperar con él cuando se aplica ciertos calificativos. Podemos aceptar su dolor sin repetir el calificativo.

Ejemplo:

EL NIÑO: El maestro dijo que se suponía que sólo debemos dedicar quince minutos cada noche a las matemáticas, pero necesité toda una hora para terminar mi tarea. Debo ser tonto.

EL PADRE: Puede ser muy desalentador cuando un trabajo requiere más tiempo del que uno espera.

Ejemplo:

EL NIÑO: Me veo terrible cuando sonrío; todo lo que se ve son mis frenos. Soy muy feo.

EL PADRE: Realmente no te agrada cómo te ves con esos aparatos. Y es probable que no te ayude a saber que para mí tu apariencia es de lo más agradable, con o sin frenos.

• • •

Esperamos que no lo hayan asustado nuestras "advertencias". Probablemente ya es obvio para usted que enfrentarse a los sentimientos es un arte, no una ciencia. Sin embargo, tenemos fe (basada en años de observación) en que los padres, después de algunos ensayos y de cometer errores, puedan dominar este arte. Con el paso del tiempo, usted se dará cuenta de lo que es útil para su hijo en particular y de lo que no lo es. Con la práctica, muy pronto descubrirá qué es lo que lo irrita y qué es lo que lo consuela; lo que crea una distancia y lo que invita a la intimidad; lo que hiere y lo que cura. No hay ningún sustituto para su propia sensibilidad.

Historias de los padres

A todos los grupos les enseñamos los mismos principios básicos. Sin embargo, nunca dejamos de sorprendernos ante la originalidad de los padres o la variedad de situaciones en las cuales se aplican estos principios. Cada una de las siguientes historias se presenta básicamente tal y como las escriben los padres; en la mayoría de los casos se han cambiado los nombres de los niños. Podrá darse cuenta de que no todas las cosas que dicen los padres son una respuesta "modelo". Pero su buena disposición básica para escuchar y su actitud de aceptación significan una gran diferencia.

A los padres que contaron las dos primeras historias al grupo se les hacía difícil creer que cuando se abstenían de dar un consejo, el niño empezaba a esforzarse por encontrar su propia solución. Esta madre inició su historia comentando, "¡Escuchen lo poco que dije!"

Nicky, de ocho años de edad, llega a casa de la escuela y declara. . . Me gustaría darle un puñetazo a Jeffrey".

YO: ¡En *verdad* estás enojado con Jeffrey!

NICKY: ¡Claro! Siempre que jugamos fútbol y yo tengo la pelota, me dice, "Dámela, Nicky, yo soy mejor que tú". ¿No crees que eso haría que *cualquiera* se enojara?

YO: Por supuesto.

NICKY: Pero realmente Jeffrey no es así; en primer año siempre era amable. Pero creo que cuando Chris entró a segundo año, Jeffrey le copió la costumbre de fanfarronear.

YO: Ya veo.

NICKY: Vamos a llamar por teléfono a Jeffrey y a invitarlo a que vaya al parque con nosotros.

• • •

Mi hijo es alumno del primer año y no es agresivo ni toma parte en las peleas; por consiguiente, tiendo a sobreprotegerlo porque me parece muy vulnerable. El lunes llegó a casa de la escuela y me comentó que un niño de tercer año, mucho más grande que él, le envió a un "delegado" para informarle que al día siguiente lo molerían a golpes". Mi primera reacción fue de protección: llamar al maestro, enseñarle el arte de la defensa propia de la noche a la mañana, cualquier cosa para evitarle el dolor y el temor.

En vez de mostrarle mi alarma, decidí escuchar con atención y sólo respondí, "Ummm". Entonces Douglas se lanzó a un monólogo ininterrumpido. Declaró, "Así es, de manera que he ideado tres estrategias para defenderme. Primero, trataré de disuadirlo de esa pelea; le explicaré que no debemos pelear porque eso no es civilizado. Después, si eso no da resultado, me pondré mis anteojos (aquí hizo una pausa y se quedó meditando), pero si es un pendenciero eso no lo detendrá y debe serlo, porque yo ni siquiera he hablado nunca con él y ahora quiere golpearme. Entonces, si nada da resultado, le pediré a Kenny que lo ataque. Kenny es tan fuerte que ese pendenciero se asustará tan sólo de verlo''.

Estaba tan sorprendida que sólo logré responder, ''Oh'' y él prosiguió, ''Muy bien. . . todo saldrá bien. . . tengo algunos planes que puedo usar'' y salió más relajado de la habitación.

Me sentí como si valiera un millón de dólares. Al día siguiente tuve que recurrir a todo el control sobre mí misma para no preguntarle qué había sucedido, pero durante la cena me comentó, ''Mami, adivina qué pasó, ese pendenciero ni siquiera se presentó en el gimnasio el día de hoy''.

Me sentía tan emocionada; él sólo había manejado su problema, se sentía orgulloso de sí mismo y ahora sé que puedo dejarlo en libertad para que crezca y madure. Porque ahora creo que no vale la pena evitar incluso uno o dos puñetazos (evitarlos debido a mi interferencia y mi protección). Ahora puedo permitirle que decida por sí mismo; es un superviviente.

* * *

Algunos padres informaron de su sorpresa ante el efecto tranquilizante que habían tenido sus comentarios de ''aceptación''. Las viejas frases de ''¡Cálmate!'' o ''¡Ya basta!'' sólo parecían agitar más a los niños. Pero unas cuantas palabras de aceptación a menudo calmaban los sentimientos más feroces y el estado de ánimo en una forma de lo más dramática. Este primer ejemplo es de un padre:

Mi hija Holly salió de la cocina.
''La señora G. en verdad me gritó hoy en el gimnasio.''
''Oh.''
''Me gritó.''
''Estaba realmente enojada.''
''Me gritó, 'En el vólibol no debes pegarle de *esa* manera a la pelota; ¡debes hacerlo *así*!' ¿Cómo podía saberlo? Nunca nos enseñó cómo debemos pegarle.''
''Y te enojaste con ella porque te gritó.''
''Me hizo sentirme muy enojada.''

"Puede ser de lo más frustrante que te griten sin ninguna buena razón."

"¡No tenía derecho de hacerlo!"

"Crees que no debió gritarte."

"No. Estoy tan enojada con ella que podría pisotearla, me gustaría clavarle alfileres a una muñeca con su imagen y hacerla sufrir."

"Y colgarla de los pulgares."

"Y hervirla en aceite."

"Y hacerla girar sobre un asador."

En ese punto Holly sonrió y yo también sonreí; entonces ella empezó a reír y yo también lo hice. Luego me comentó que en realidad la forma en que le había gritado la señora G. había sido de lo más tonta, y añadió. "Por supuesto, *ahora* ya sé cómo debo pegarle a la pelota para complacerla."

Por lo común, yo habría respondido, "Es probable que hayas hecho algo mal para que te gritara. La próxima vez escucha cuando la maestra te corrija y entonces sabrás lo que debes hacer". Y es probable que ella habría azotado la puerta y corrido encolerizada a su habitación, pensando qué insensible idiota era su padre y qué mezquina era su maestra.

·   ·   ·

El escenario: Mi cocina.

Acabo de acostar a la bebita para que duerma la siesta. Evan llega a casa después de asistir al jardín de niños, muy emocionado porque va a ir a jugar a la casa de Chad.

EVAN: ¡Hola, mami, vamos ahora mismo a casa de Chad!

MAMÁ: Nina (*la bebita*) está durmiendo ahora, pero iremos después.

EVAN: (*empezando a alterarse*). Quiero ir ahora; tú dijiste que sí podríamos ir.

MAMÁ: ¿Qué te parece si vas en tu bicicleta y yo te acompaño?

EVAN: ¡No! Quiero que te quedes conmigo (*y empieza a llorar histérico*). ¡Quiero ir ahora! (*Se apodera de los dibujos que acaba de traer de la escuela, los arruga y los arroja a la basura.*)

MAMÁ: (*Se me enciende el foco.*) ¡Vaya, qué furioso estás! Te sientes tan enojado que has tirado tus dibujos; en ver-

53

dad debes estar alterado. Llegaste ansiando ir a jugar con Chad y Nina está dormida; qué decepción para ti.

EVAN: Claro, quería ir a casa de Chad (*deja de llorar*). Mami, ¿puedo ver la televisión?

MAMÁ: Por supuesto.

* * *

La situación: Papá se iba de pesca y Danielle, de cuatro años de edad, quería acompañarlo.

PAPÁ: De acuerdo, querida, puedes venir, pero recuerda que estarás parada al aire libre durante mucho tiempo y esta mañana hace mucho frío allá afuera.

DANIELLE: (*en su rostro se adivinó una gran confusión y respondió con grandes titubeos*). He cambiado de opinión, quiero quedarme en casa.

Dos minutos después de que papá salió empezaron las lágrimas.

DANIELLE: ¡Papá me dejó y sabía que yo quería ir!

MAMÁ: (*preocupada en ese momento y sin ánimo de enfrentarse a la situación*). Danielle, las dos sabemos que *tú* decidiste quedarte en casa. Tu llanto me distrae y no quiero escucharlo, de manera que si vas a seguir llorando, vete a tu habitación.

La pequeña corre sollozando a su habitación.
Algunos minutos después, mamá decide intentar el nuevo método.

MAMÁ: (*dirigiéndose a la recámara de Danielle y sentándose en su cama*). Realmente querías ir con papá, ¿no es verdad? Danielle dejó de llorar, asintiendo con un movimiento de cabeza.

MAMÁ: Te sentiste confundida cuando papá te mencionó que hacía mucho frío. No pudiste decidirte.

El alivio apareció en sus ojos; volviendo a asentir, se secó las lágrimas.

MAMÁ: Piensas que no dispusiste del tiempo suficiente para decidirte.

DANIELLE: No, no tuve tiempo.

En ese momento la abracé. Saltó de la cama y se fue a jugar.

• • •

También parece que a los niños les ayuda saber que pueden experimentar dos sentimientos muy diferentes al mismo tiempo.

Después de que nació el bebé, siempre le decía a Paul que quería mucho a su nuevo hermano. Paul movía la cabeza, "¡Nooooo! ¡Nooooo!"

Durante este último mes le he estado diciendo, "Paul, me parece que experimentas dos sentimientos muy diferentes hacia el bebé. A veces te alegras de tener un hermano; es divertido observarlo y jugar con él. Y otras veces no te agrada tenerlo cerca de ti; quisieras que se fuera a alguna parte".

A Paul le agrada eso. Ahora, por lo menos una vez a la semana me pide. "Háblame de mis dos sentimientos, mami.'

• • •

Algunos padres aprecian en particular el hecho de poseer las habilidades para ser útiles cuando el estado de ánimo de un niño es de desaliento o de desesperación. Se alegran de saber que no tienen porqué hacer suya la infelicidad de sus hijos. Una madre comentó, "Apenas estoy empezando a percatarme de la presión tan innecesaria a la que yo misma me sometía para asegurarme de que mis hijos fueran felices todo el tiempo. La primera vez que me di cuenta de lo lejos que había llegado fue cuando me encontré tratando de pegar con cinta adhesiva una galleta pretzel rota para que mi hijo de cuatro años dejara de llorar. Y también he empezado a percibir la carga que les he estado imponiendo a mis hijos. ¡Piensen en ello! No sólo están alterados por su problema original, sino que además se alteran todavía más porque ven que su sufrimiento me afecta. Mi madre acostumbraba hacerme eso y recuerdo que yo me sentía tan culpable, como si hubiera algo malo en mí por no ser feliz todo el tiempo. Quiero que mis hijos sepan que tienen todo el derecho de sentirse infelices sin que su madre se caiga a pedazos''.

· · ·

Mi hijo Ron llegó a casa con los pantalones de mezclilla cubiertos de lodo y con un rostro abatido.

EL PADRE: Veo que traes los pantalones llenos de lodo.
RON: Sí, jugué muy mal en el fútbol.
EL PADRE: Tuviste un partido difícil.
RON: Así es, no puedo jugar. Soy demasiado débil. Incluso Jerry me derriba.
EL PADRE: Es muy frustrante que lo derriben a uno.
RON: Es cierto, quisiera ser más fuerte.
EL PADRE: Quisieras ser como O. J (Simpson).
RON: Por supuesto, entonces podría derribarlos a *ellos*.
EL PADRE: Podrías correr pasando por encima de esos atajadores.
RON: Podría encontrar mucho espacio para correr.
EL PADRE: Tú podrías correr.
RON: Y también puedo lanzar un pase. Soy bueno en los pases cortos, pero no puedo lanzar una *bomba* (un pase largo).
EL PADRE: Puedes correr y lanzar pases.
RON: Claro, puedo jugar mejor.
EL PADRE: Crees que podrías jugar mejor.
RON: La próxima vez jugaré mejor.
EL PADRE: Sabes que jugarás mejor.

Por lo común, habría recibido a Ron con algunos comentarios tales como: ''Eres un buen jugador; simplemente tuviste un mal partido. No te preocupes, lo harás mejor la próxima vez.'' Es probable que se habría resentido por ello y se habría ido a su habitación.

He hecho un tremendo descubrimiento en este grupo. Mientras más tratamos de alejar los sentimientos de infelicidad de un niño, más se aferra a ellos. Entre más naturalmente se acepten los sentimientos negativos, más sencillo les resulta a los niños deshacerse de ellos. Creo que podría decirse que si quiere tener una familia feliz, más le vale estar preparado para permitir la expresión de una buena dosis de infelicidad.

• • •

Hans ha estado atravesando por un período difícil. Tiene un maestro que es muy exigente con él y que además no le agrada. Cuando se siente más infeliz consigo mismo y más hundido en la melancolía (por lo común cuando en casa se desquita con nosotros de las presiones de la escuela), se califica de "estúpido", siente que no le agrada a nadie porque es un estúpido, declara que es el más "estúpido" de su clase, etcétera.

Una de esas noches mi esposo se sentó a su lado, con todo el interés del mundo:

FRANK: (con cariño). Hans, tú no eres estúpido.
HANS: Soy demasiado estúpido. Soy un estúpido estúpido.
FRANK: Pero Hans, no eres estúpido. En realidad eres uno de los niños de ocho años más listos que conozco.
HANS: No lo soy. Soy un estúpido.
FRANK: (todavía con cariño). No eres estúpido.
HANS: Soy demasiado estúpido.

Y así siguieron; yo no quería intervenir y no podía soportar seguirlos escuchando, así que salí de la habitación. Debo reconocer que Frank en ningún momento perdió la paciencia, pero Hans se fue a la cama todavía diciendo que era un estúpido y sumido en profunda melancolía.

Acudí a su lado. Había tenido un día terrible con él; había dedicado la mayor parte de la tarde y de la noche a exasperarme y no creía tener fuerzas para enfrentarme a mucho más. Pero ahí estaba acostado en su cama sintiéndose triste y diciendo que era un estúpido y que todos lo odiaban, de manera que fui a verlo. Ni siquiera sabía qué podría decirle; sólo me senté agotada en el borde de la cama. Entonces me vino a la mente una frase que usábamos en la clase y la repetí en una forma casi mecánica: "Es muy difícil albergar esa clase de sentimientos."

Hans dejó de decir que era un estúpido y durante un minuto guardó silencio. Después dijo, "Claro". Eso de alguna manera me dio la fuerza necesaria para seguir adelante. Empecé a hablarle a la ventura de algunas de las cosas agradables o especiales que había dicho o hecho a lo largo de los años. Escuchó durante un momento y después empezó a participar en la conversación con sus propios recuerdos. Dijo, "Recuerdo cuando no encontrabas las llaves de tu automóvil y las buscaste por toda la casa y yo te sugerí que buscaras en el automóvil y allí estaban". Después de unos diez minutos de esto, pude darle el beso de las buenas noches a un niño que había recobrado la fe en sí mismo.

* * *

Algunos padres se sienten muy contentos con la idea de concederles a sus hijos en la fantasía lo que no pueden darles en la realidad. Para esos padres es mucho más fácil decir, "Me gustaría que tuvieras. . ." en vez de sostener una interminable discusión sobre quién tiene la razón y por qué.

DAVID: (*de diez años*). Necesito un nuevo telescopio.

EL PADRE: ¿Un nuevo telescopio? ¿Por qué? No hay nada malo con el que tienes.

DAVID: (*acalorándose*). ¡Es un telescopio para niños!

EL PADRE: Es perfectamente adecuado para un niño de tu edad.

DAVID: No, no lo es. Necesito un telescopio con una potencia de 200.

EL PADRE: (*Me di cuenta de que estábamos a punto de entablar una gran discusión y decidí amoldarme a la situación*). De manera que en realidad te gustaría tener un telescopio con una potencia de 200.

DAVID: Sí, porque así podría ver los cráteres.

EL PADRE: Quieres verlos realmente de cerca.

DAVID: ¡Así es!

EL PADRE: ¿Sabes lo que me gustaría? Pues me gustaría tener el dinero suficiente para comprarte ese telescopio. No, con tu interés en la astronomía, me gustaría tener el dinero suficiente para comprarte un telescopio con una potencia de 400.

DAVID: Un telescopio con una potencia de 600.

EL PADRE: Un telescopio con una potencia de 800.

DAVID: (*empezando a entusiasmarse*). ¡Un telescopio con una potencia de 1 000!

EL PADRE: Un. . . un. . .

DAVID: (*muy excitado*). ¡Lo sé. . . lo sé. . . Si pudieras, me comprarías el telescopio que tienen en Monte Palomar!

Mientras ambos reíamos, comprendí en qué radicaba la diferencia. Una de las claves para conceder algo en la fantasía es dejarse llevar realmente por la imaginación, ser "muy" fantástico. Aun cuando David sabía que eso no sucedería, pareció apreciar que yo tomara tan en serio su deseo.

* * *

Mi esposo y yo llevamos a Jason y a Leslie, su hermana mayor, al Museo de Historia Natural. En verdad lo disfrutamos y el comportamiento de los niños fue fantástico. Pero a la salida cruzamos frente a una tienda de regalos. Jason, nuestro hijo de cuatro años, enloqueció al ver los obsequios que ahí vendían. Casi todos tenían un precio excesivo, pero al fin le compramos una pequeña colección de rocas; pero entonces empezó a gimotear porque quería una figura de un dinosaurio. Traté de explicarle que ya habíamos gastado más de lo que debíamos; su padre le pidió que dejara de quejarse, que debería estar contento con lo que le *habíamos* comprado. Jason empezó a llorar; mi esposo le ordenó que se callara, diciéndole que estaba actuando como un bebé. Jason se tiró al suelo y empezó a llorar más fuerte.

Todos nos miraban y yo me sentía tan avergonzada que quería que el suelo se abriera y me tragara. Entonces, no sé cómo me vino a la mente la idea, pero saqué de mi bolsa un lápiz y un papel y empecé a escribir. Jason me preguntó qué estaba haciendo y le respondí, "Estoy anotando que Jason quiere un dinosaurio". Se me quedó viendo y añadió, "Y también un prisma". Yo escribí, "También un prisma".

Entonces hizo algo que me dejó aturdida. Corrió hacia su hermana, que estaba contemplando toda la escena y le dijo, "Leslie, dile a mamá lo que quieres. Ella también anotará lo que deseas". Y no lo creerán, pero allí acabó todo. Regresó muy tranquilo a casa.

Desde entonces, he recurrido muchas veces a esa idea. Siempre que me encuentro con Jason en alguna juguetería y él se dedica a correr por todas partes señalando todas las cosas que quiere, saco un lápiz y una hoja de papel y lo anoto todo en su "lista de deseos". Eso parece satisfacerlo, pero no quiere decir que tenga que comprarle cualquiera de esos juguetes, a menos de que se trate de una ocasión especial. Creo que lo que a Jason le agrada de su "lista de deseos" es que le demuestra que no sólo sé lo que quiere, sino que además me intereso lo suficiente para escribirlo.

• • •

Esta última historia habla por sí sola.

Acabo de pasar por una de las experiencias más desgarradoras de mi vida. Suzanne, mi hija de seis años, ya antes había padecido crup, pero nunca un ataque como éste. Me sentía aterrorizada; no podía respirar y empezaba a perder el color. No logré conseguir una ambulancia, de manera que tuve que manejar para llevarla a la sala de urgencias junto con mi hijo Brian y mi madre, que ese día había ido a visitarnos.

Mi madre estaba completamente histérica y no cesaba de repetir, "¡Oh, Santo Dios! No puede respirar, ¡Jamás llegaremos a tiempo! ¿Qué le has hecho a esta niña?"

En voz más fuerte que la de mi madre declaré, "Suzie, sé que tienes problemas para respirar y sé que eso es atemorizante. Ya vamos en camino a buscar ayuda; pronto estarás bien. Si quieres, puedes apretarme la pierna mientras manejo". Y así lo hizo.

En el hospital, dos médicos y varias enfermeras se amontonaron alrededor de nosotros. Mi madre seguía despotricando y desbarrando y Brian me preguntó si Suzie moriría realmente como decía su abuela. No tuve tiempo de responderle, porque los médicos trataban de mantenerme fuera de la sala y yo sabía que Suzie necesitaba que yo estuviera a su lado. Por su mirada podía ver que estaba aterrorizada.

Le pusieron una inyección de adrenalina y le pregunté, "¿Te dolió, no es verdad?" La niña asintió. Después le introdujeron un tubo por la garganta y le comenté, "Sé que ese tubo debe lastimarte, pero eso te ayudará". Todavía no respiraba normalmente y la colocaron en una tienda de oxígeno. Le dije, "Debes sentirte muy extraña con todo ese plástico a tu alrededor, pero eso también te ayudará a respirar y a curarte". Después introduje la mano por la abertura de la tienda y le tomé su mano, sosteniéndola en la mía y asegurándole, "No te dejaré sola; me quedaré aquí a tu lado incluso si estás dormida. Estaré aquí todo el tiempo que me necesites".

Su respiración se hizo un poco más fácil, pero su condición todavía era crítica y me quedé a su lado durante setenta y dos horas, prácticamente sin dormir. Gracias a Dios que salió adelante.

Sé que sin esos talleres las cosas habrían sido muy diferentes; yo me habría encontrado en absoluto estado de pánico. Al hablarle en la forma en que lo hice, haciéndole saber que comprendía por lo que estaba pasando, logré relajarla de manera que no se rebelara contra el tratamiento médico que estaba recibiendo.

En verdad siento que ayudé a salvarle la vida a Suzie.

2 | Cómo obtener cooperación

Es muy probable que sus hijos ya le hayan brindado incontables oportunidades para poner en práctica sus habilidades para escuchar. Los niños, por lo común, nos hacen saber, en voz alta y con toda claridad, cuando algo les molesta. Sé que en mi propio hogar, cualquier día con los niños era como una noche en el teatro. Un juguete extraviado, un corte de cabello ''demasiado corto'', un informe retrasado para la escuela, unos nuevos pantalones de mezclilla que no ajustan bien, una pelea con el hermano o la hermana, cualquiera de esas crisis podía generar una cantidad suficiente de lágrimas y pasión para un drama de tres actos. Jamás carecíamos de material.

La única diferencia es que en el teatro cae el telón y el auditorio puede irse a casa; pero los padres no tenemos ese lujo. De alguna manera debemos enfrentarnos a todos los sentimientos heridos, de cólera y de frustración y a pesar de todo conservar nuestra cordura.

Ahora sabemos que los viejos métodos no dan resultado. Todas nuestras explicaciones y comentarios tranquilizantes no les ofrecen ningún alivio a los niños y a nosotros nos agotan. Sin embargo, los nuevos métodos también pueden presentar ciertos problemas. Aun cuando estamos conscientes de que una respuesta de empatía puede resultar mucho más consoladora, no es fácil pronunciarla. Para muchos de nosotros el lenguaje es nuevo y extraño. Muchos padres me han comentado:

- ''Al principio me sentía tan torpe, como si no fuese yo mismo, como si estuviera representando un papel.''

- "Me sentía como un farsante, pero debo haber hecho algo bien, porque mi hijo que nunca dice nada más que, 'Sí', 'No', y '¿Tengo que hacerlo?' de pronto empezó a hablar conmigo."
- "Me sentía cómodo, pero los niños parecían incómodos; me veían con cierta desconfianza."
- "Descubrí que nunca antes había escuchado a mis hijos. Acostumbraba esperar a que ellos terminaran de hablar para decir lo que yo tenía que decir. Escuchar realmente es una labor ardua; es necesario concentrarse si no queremos dar sólo una respuesta a la ligera."

Un padre informó, "Lo intenté y no dio resultado. Mi hija llegó a casa de la escuela dominical con una cara larga. En vez de mi acostumbrado comentario de '¿Por qué esa cara de aguafiestas?' le dije, 'Amy, pareces muy alterada por algo'. Estalló en llanto y corriendo a su habitación, azotó la puerta".

Le expliqué a ese padre que incluso cuando "no da resultado", sí "funciona". Amy escuchó un sonido diferente ese día, una voz que le decía que alguien se preocupaba por sus sentimientos. Lo exhorté a que no renunciara. Con el tiempo, Amy sabrá que puede contar con una reacción de aceptación de su padre y se sentirá segura para hablar acerca de lo que le molesta.

Quizá la reacción más memorable que he escuchado fue la de un adolescente que sabía que su madre estaba asistiendo a mis talleres. El niño llegó a casa de la escuela murmurando encolerizado, "No tenían ningún derecho de expulsarme del equipo el día de hoy sólo porque no llevaba el pantalón corto de gimnasia. Tuve que quedarme sentado y observar todo el partido. ¡Fue algo muy injusto!"

"Eso debió enfadarte mucho", le respondió la madre, interesada.

El muchacho contestó bruscamente, "¡Oh, tú siempre te pones de su parte!"

La madre lo tomó por el hombro. "Jimmy, creo que no me escuchaste bien; lo que dije fue, 'Eso debió enfadarte mucho."

Jimmy parpadeó y se la quedó mirando. Después declaró, "¡*Papá* también debería asistir a ese curso!"

* * *

Hasta ahora nos hemos concentrado en la forma en que los padres pueden ayudar a sus hijos a enfrentarse a sus sentimientos negativos. Ahora nos gustaría concentrarnos en la forma de ayudar a los padres con algunos de sus sentimientos negativos.

Una de las frustraciones inherentes de la paternidad es la cotidiana lucha para lograr que nuestros hijos se comporten en formas que sean aceptables tanto para nosotros como para la sociedad. Todo esto puede ser una ardua labor cuesta arriba. Parte del problema radica en el conflicto de necesidades. El adulto necesita cierta semblanza de limpieza, orden, cortesía y rutina; al niño todo eso no le importa en lo más mínimo. ¿Cuántos de ellos, por su propia voluntad, estarían dispuestos a darse un baño, a decir "por favor" o "muchas gracias", o incluso a cambiarse la ropa interior? ¿Cuántos de ellos incluso usarían ropa interior? Hay una buena dosis de pasión paterna dedicada a ayudar a los niños a ajustarse a las normas de la sociedad; y de alguna manera, mientras mayor es la intensidad con la cual actuamos, mayor es la resistencia de ellos.

Sé que ha habido muchas ocasiones en las cuales mis propios hijos pensaban que yo era la "enemiga", la que siempre los obligaba a hacer lo que ellos no querían hacer: "Lávate las manos. . . Usa tu servilleta. . . Habla en voz más baja. . . Cuelga tu saco. . . ¿Ya hiciste la tarea?. . . ¿Estás seguro de que ya te cepillaste los dientes?. . . Regresa y jala la perilla del inodoro. . . Ponte la piyama. . . Vete a la cama. . . Ya es hora de irse a dormir".

También era yo la que impedía que hicieran lo que querían hacer: "No comas con los dedos. . . No estés pateando la mesa. . . No tires basura. . . No saltes sobre el sofá. . . No le jales la cola al gato. . . ¡No te introduzcas los frijoles en la nariz!"

La actitud de los niños llegó a ser una de "Haré lo que quiera". Y mi actitud era de, "Harás lo que yo diga" y la lucha proseguía. Llegó hasta el punto en que sentía que las entrañas se me retorcían cada vez que tenía que pedirle a alguno de los niños que hiciera la cosa más sencilla.

Ahora tómese algunos minutos para pensar en cuáles son las cosas que usted insiste que sus hijos hagan, o no hagan, durante un día típico. Después haga una lista de sus diarios "haz esto" o "no hagas esto" personales en el espacio a continuación

EN UN SOLO DÍA, VEO QUE MIS HIJOS (O MI HIJO) HAGAN LO SIGUIENTE:

POR LA MAÑANA   POR LA TARDE   POR LA NOCHE

_____   _____   _____

_____   _____   _____

_____   _____   _____

_____   _____   _____

TAMBIÉN VEO QUE MIS HIJOS (O MI HIJO) NO HAGAN LO SIGUIENTE:

POR LA MAÑANA   POR LA TARDE   POR LA NOCHE

_____   _____   _____

_____   _____   _____

_____   _____   _____

_____   _____   _____

Ya sea su lista larga o corta, sus expectativas realistas o no realistas, cada detalle representa su tiempo y su energía y, además, contiene todos los ingredientes necesarios para una lucha de voluntades.

¿Hay algunas soluciones?

Primero veamos algunos de los métodos que los adultos emplean más comúnmente para hacer que los niños cooperen. A medida que lea el ejemplo que ilustra cada uno de los métodos, retroceda en el tiempo y finja que es un niño que escuhca hablar a su padre. Deje que las palabras se graben en su mente. ¿Cómo lo hacen sentir? Una vez que ya tenga su respuesta anótela. (Otra forma de hacer este ejercicio es pedirle a un amigo que le lea cada ejemplo en voz alta mientras usted escucha con los ojos cerrados.)

I. Culpar y acusar

"¡Otra vez estoy viendo en la puerta las sucias huellas de tus dedos! ¿Por qué siempre tienes que hacer lo mismo?. . . ¿Qué es lo que pasa contigo, quieres decirme? ¿Nunca podrás hacer nada bien?. . . ¿Cuántas veces tengo que decirte que uses la perilla de la puerta? El problema contigo es que nunca escuchas".

Como niño, yo me sentiría _____

_____

II. Uso de calificativos

"¡El día de hoy la temperatura está bajo cero y tú te has puesto un saco ligero! ¿Hasta qué punto eres tonto? Vamos, realmente lo que haces es estúpido."

"Veamos, déjame arreglarte la bicicleta. Bien sabes que no tienes dotes para la mecánica".

"¡Mira tu manera de comer! Eres repugnante."

"Debes ser un patán para tener una recámara tan inmunda. Vives como un animal."

Como niño, yo me sentiría _____

_____

III. Amenazas

"Sólo atrévete a tocar esa lámpara una vez más y recibirás una bofetada."

"Si no escupes ese chicle en este mismo minuto, te abriré la boca y te lo sacaré."

"Si no has terminado de vestirte para el momento en que cuente hasta tres, me iré sin ti!"

Como niño, yo me sentiría _____

_____

IV. Órdenes

"Quiero que hagas el aseo de tu recámara en este mismo momento."

"Ayúdame a meter los paquetes. ¡Apresúrate!"

"¿Todavía no has sacado la basura? ¡Hazlo ahora mismo!. . . ¿Qué estás esperando? ¡Muévete!"

Como niño, yo me sentiría _____

_____

V. Discursos y sermones

"¿Crees que lo que acabas de hacer fue algo muy agradable, arrebatarme ese libro? Ya veo que no te das cuenta de lo importantes que son los buenos modales. Lo que tienes que comprender es que si esperamos que las personas sean corteses con nosotros, entonces debemos ser corteses con ellas. No te gustaría que nadie te arrebatara algo de las manos, ¿verdad? Entonces tú tampoco debes hacerlo. Debemos hacer con los demás lo que nos gustaría que hicieran con nosotros".

Como niño, yo me sentiría _____

_____

VI. Advertencias

- "Cuidado, vas a quemarte."
- "¡Ten precaución o te atropellará un automóvil!"
- "¡No te subas allí! ¿Quieres caerte?"
- "Pónte el suéter, o de lo contrario te resfriarás."

Como niño, yo me sentiría _____

_____

VII. Comentarios de mártir

"¡Quieren dejar de gritar los dos! ¿Qué es lo que tratan de hacer. . . enfermarme, provocarme un ataque cardiaco?"

"Esperen a que tengan sus propios hijos. Entonces sabrán lo que es exasperante."

"¿Ven todas estas canas? Pues se las debo a ustedes. Me están enviando a la tumba."

Como niño, yo me sentiría _____

_____

VIII. Comparaciones

"¿Por qué no puedes ser como tu hermano? Él siempre termina sus deberes con anticipación."

"Lisa tiene unos modales tan bellos en la mesa. Nunca la sorprenderás comiendo con los dedos."

"¿Por qué no te vistes como Gary? Él siempre se ve tan arreglado. . . el cabello corto y la camisa metida. Es un placer verlo."

Como niño, yo me sentiría _____

_____

IX. Sarcasmo

"¿Sabías que mañana tendrías un examen y dejaste el libro en la escuela? ¡Oh qué listo eres! Lo que hiciste fue algo muy brillante."

"Es la ropa que piensas ponerte el día de hoy. . . lunares y cuadros? Bien, estoy seguro de que el día de hoy escucharás muchos cumplidos."

"¿Es la tarea que llevarás mañana a la escuela? Bien, quizá tu maestro pueda leer chino; yo no."

Como niño, yo me sentiría _____.

_____

X. Profecías

"Me mentiste acerca de tus calificaciones, ¿no es verdad? ¿Sabes lo que llegarás a ser cuando seas adulto? Una persona en la cual nadie puede confiar."

"Sigue siendo un egoísta. Ya lo verás, nadie querrá jugar nunca contigo. Así jamás tendrás amigos."

"Todo lo que haces es quejarte. Nunca has tratado de ayudarte a ti mismo. Puedo verte dentro de diez años, aún con los mismos problemas y todavía quejándote."

Como niño, yo me sentiría _____

_____

Ahora ya que sabe cómo reaccionaría el "niño" que hay en usted ante estos planteamientos, quizá le interese averiguar las reacciones de otras personas que han hecho estos ejercicios. Es evidente que diferentes niños reaccionen en forma diferente a las mismas palabras. He aquí algunos modelos de reacciones de un grupo.

Culpar y acusar. "La puerta es más importante que yo". . . . "Mentiré y le diré que no fui yo". . . . "Soy un ser despreciable". . . "Me estoy acobardando". . . "Quisiera insultarla". . . "Dices que nunca escucho, de manera que no te escucharé."

Uso de calificativos. "Ella tiene razón, soy un estúpido y no tengo dotes para la mecánica". . . . "¿Para qué intentarlo siquiera?". . . "Ya me desquitaré de ella. La próxima vez ni siquiera me pondré un suéter". . . "La odio". . . "Ja ja, ¡ya ha vuelto a empezar!"

Amenazas. "Tocaré la lámpara cuando ella no me vea". . . "Quisiera llorar". . . "Tengo miedo". . . "Déjame en paz."

Órdenes. "Trata de obligarme a hacerlo". . . "Estoy asustado". . . "No quiero moverme". . . "Odio sus agallas". . . "Haga lo que haga, siempre me meto en problemas". . . "¿Cómo lograré que me transfieran de este asqueroso equipo?"

Discursos y sermones. "Yak yak yak. . . ¿Quién la escucha siquiera?". . . "Soy un tonto". . . "No valgo nada". . . "Quisiera irme muy lejos". . . "Tedioso, tedioso, tedioso."

Advertencias. "El mundo es atemorizante, peligroso". . . "¿Cómo podré arreglármelas sin ayuda de nadie? Haga lo que haga, estaré en problemas."

Comentarios de mártir. "Me siento culpable". . . "Estoy asustado; yo tengo la culpa de que esté enferma". . . "¿Y a quién le importa?"

Comparaciones. "Ella quiere a todos más que a mí". . . "Odio a Lisa". . . "Me siento como un fracasado". . . "Y también odio a Gary."

Sarcasmo. "No me gusta que se burlen de mí. Ella es mezquina". . . "Me siento humillado, confundido". . . "¿Para qué intentarlo?". . . "Me vengaré de ella". . . "No importa lo que haga, no puedo ganar". . . "Estoy a punto de estallar de resentimiento."

Profecía. "Ella tiene razón; jamás serviré para nada". . . "Sí que pueden confiar en mí; le demostraré que está equivocado". . . "No tiene caso". . . "Renuncio". . . "Estoy condenado al fracaso."

Si como adultos experimentamos estos sentimientos tan sólo por leer algunas palabras escritas en una página, ¿cómo se sentirán los verdaderos hijos?

¿Hay algunas alternativas? ¿Hay algunas formas de obtener la cooperación de nuestros hijos sin causarle ningún daño a su amor propio o sin dejarlos con esa resaca de sentimientos negativos? ¿Hay algunos métodos que sean más fáciles para los padres, que les exijan un menor esfuerzo?

Nos gustaría compartir con ustedes cinco habilidades que han sido útiles para nosotras y para los padres que asisten a nuestros talleres. No todas darán resultado con cada niño y no todas se adaptarán a su personalidad. Y no hay ninguna de ellas que sea efectiva todo el tiempo. No obstante, lo que sí logran esas habilidades es crear un ambiente de respeto en el cual puede empezar a crecer el espíritu de cooperación.

Para obtener la cooperación

1. Describa. Describa lo que ve, o describa el problema.

2. Dé información.

3. Dígalo con una palabra.

4. Hable de sus sentimientos.

5. Escriba una nota.

I. DESCRIBA

Describa lo que ve o describa el problema.

En vez de

Eres muy irresponsable; siempre abres la llave del agua de la bañera y después te olvidas de ello. ¿Quieres que nos inundemos?

Describa

Johnny, el agua de la bañera ya está llegando al borde.

En vez de

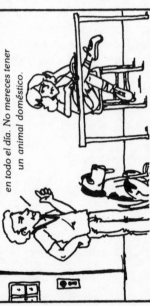

No has sacado a pasear al perro en todo el día. No mereces tener un animal doméstico.

Describa

Veo a Rover yendo de un lado a otro cerca de la puerta.

Resulta difícil hacer lo que se debe cuando la gente le dice a uno todo lo que tiene de malo.

Es más fácil concentrarse en el problema cuando alguien simplemente se lo describe.

Describa *(continuación)*

En vez de

¡Cuántas veces te he dicho que apagues la luz del baño al salir!

Describa

La luz del baño está encendida.

En vez de

Deja el teléfono en este instante.

Describa

Jill, necesito hacer una llamada ahora mismo.

Terminaré en un minuto.

Cuando los adultos describen el problema, eso les brinda a los niños una oportunidad de decirse a sí mismos lo que deben hacer.

II. DÉ INFORMACIÓN

En vez de

¿Quién tomó leche y dejó la botella afuera?

Dé información

Niños, la leche se agria cuando no está refrigerada.

En vez de

¡Eso es repugnante! Mira esos corazones de manzana sobre tu cama. ¡Vives como un cerdo!

Dé información

El lugar para los corazones de manzana es el cesto de la basura.

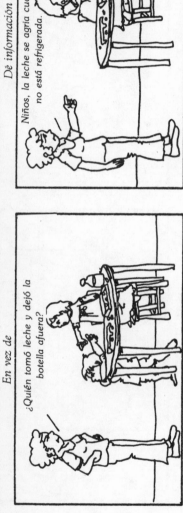

La información es mucho más fácil de aceptar que las acusaciones.

En vez de

Si vuelvo a sorprenderte una vez más escribiendo en las paredes, ¡te daré unos azotes!

Dé información

Las paredes no son para escribir en ellas. El papel sí es para escribir.

En vez de

Jamás se te ocurriría ayudarme un poco con el trabajo de la casa, ¿verdad?

Dé información

Realmente me sería muy útil si la mesa ya estuviera puesta para la cena.

Cuando se les da información a los niños, por lo común, piensan por sí solos qué es necesario hacer.

Vea el contraste entre el efecto de un largo párrafo y el efecto de una sola palabra.

En vez de

Dígalo con una palabra

En este caso, "menos es más".

A los niños les desagrada escuchar discursos, sermones y largas explicaciones. Para ellos, mientras más breve sea el recordatorio, tanto mejor.

IV. HABLE DE SUS SENTIMIENTOS

No haga ningún comentario acerca del carácter o la personalidad del niño.

En vez de

¡Ya basta! ¡Eres de lo más molesto!

Hable de sus sentimientos

No me agrada que me tiren de la manga.

En vez de

¿Qué es lo que pasa contigo? ¡Siempre dejas la puerta abierta!

Hable de sus sentimientos

Me molesta que la puerta esté abierta. No quiero ver moscas cerca de la comida.

Los niños tienen derecho de escuchar los sentimientos honestos de sus padres. Al describirles lo que sentimos, podemos ser

Observe, cuando los padres quieren ayudar, sólo hablan de sus sentimientos.
Emplean la palabra "Yo", o bien, "Me siento. . .".

En vez de

¡Eres muy descortés!
¡Siempre me
interrumpes!

Hable de sus sentimientos

¡Me siento tan frustrada
cuando empiezo a decir algo
y no puedo terminar!

En vez de

¿Cómo que yo tengo que llevarte?
¡Actúas como
una niña mimada!

Hable de sus sentimientos

Yo siempre he objetado a que me digan que
"tengo" que hacer algo. Lo que me gustaría
escuchar es, "Papá, ya estoy lista
para salir, ¿puedes llevarme
ahora?"

Es posible cooperar con alguien que esté expresando irritación
o cólera, siempre y cuando usted no se sienta atacado.

A veces, nada de lo que decimos es tan efectivo como la palabra escrita. La nota a continuación la escribió un padre que ya estaba cansado de quitar los largos cabellos de su hija del desagüe del lavabo.

Esta nota fue escrita por una madre que trabaja y la pegó en el aparato de televisión de la familia.

Esta nota fue colgada en la puerta de una recámara. Era un aviso de dos caras que les brindó a dos fatigados padres de familia una hora adicional de sueño el domingo por la mañana. Cuando estuvieron dispuestos a permitirles la entrada a los niños, voltearon el letrero.

Este padre se cansó de hablar y al fin decidió que una nota se encargara de hablar por él.

Mamá echó a volar un avión de papel con algunas palabras escritas en él, dirigidas a su hijo y a su amigo, ninguno de los dos sabía leer. Corrieron a preguntarle qué decían esas palabras y cuando lo averiguaron, corrieron a guardar sus juguetes.

Ahí las tiene, cinco habilidades que fomentan la cooperación y no dejan el menor residuo de sentimientos negativos.

Si por casualidad sus hijos están en la escuela o en la cama, o si por algún milagro están jugando tranquilamente, entonces ahora es su oportunidad de disponer de algunos minutos de práctica. Puede perfeccionar sus habilidades con algunos niños hipotéticos antes de que sus propios hijos le caigan encima.

Ejercicio I. Entra a su recámara y se encuentra con que su hijo recién bañado acaba de dejar una toalla mojada sobre su cama.

A. Escriba un comentario típico que podría hacerle al niño y no sería útil.

_____

_____

B. En la misma situación, demuestre cómo podría usar cada una de las habilidades mencionadas a continuación para invitar a su hijo a cooperar.

1. Describa: (Describa lo que ve o describa el problema)

_____

_____

2. Dé información:

_____

_____

3. Dígalo con una palabra:

_____

_____

4. Hable de sus sentimientos:

_____

_____

5. Escriba una nota:

_____

_____

_____

_____

_____

Acaba de aplicar cinco habilidades diferentes a la misma situación.

En las siguientes situaciones, elija la habilidad que crea que resultaría más efectiva con su propio hijo.

Ejercicio II. Situación A. Está a punto de envolver un paquete y no puede encontrar sus tijeras. Su hijo tiene sus propias tijeras, pero constantemente le pide las suyas y no se las devuelve.

Comentario inútil:

_____

_____

Reacción hábil:

_____

_____

Habilidad que usó:

_____

_____

Situación B. Su hijo adolescente sigue dejando sus zapatos de gimnasia en el vano de la puerta de la cocina.

Comentario inútil:

_____

_____

Reacción hábil:

_____

_____

Habilidad que usó:

_____

_____

Situación C. Su hijo acaba de colgar su impermeable mojado en el clóset.

Comentario inútil:

_____

_____

Reacción hábil:

_____

_____

Habilidad que usó:

_____

_____

Situación D. Usted se da cuenta de que últimamente su hijo no se ha estado cepillando los dientes:

Comentario inútil:

_____

_____

Reacción hábil:

_____

_____

Habilidad que usó:

_____

_____

Recuerdo mi propia experiencia cuando experimenté por vez primera con estas habilidades. Me sentía tan entusiasmada al pensar en poner en práctica este nuevo enfoque en mi familia que llegué a casa después de una junta, me tropecé con los patines de mi hija que estaban tirados en el pasillo y con toda dulzura el indiqué, "El lugar de los patines es dentro del clóset". Pensé que había estado de maravilla. Pero cuando me miró con una mirada en blanco y volvió a la lectura de su libro, le pegué.

Desde entonces he aprendido dos cosas:

1) *Es importante ser auténtico:* Si mi voz suena paciente cuando me siento encolerizada, eso sólo funciona en contra mía. No sólo no logro comunicarme en una forma honesta; sino que por ser "demasiado amable" acabo por desquitarme con mi hija más adelante. Habría sido más útil si hubiese vociferado, "¡El lugar de los patines es dentro del clóset!". Con eso, quizá mi hija se habría sentido incitada a la acción.

2) *Sólo porque no "logro comunicarme" la primera vez, eso no quiere decir que debo volver a las antiguas costumbres.* Tengo a mi disposición más de una habilidad. Puedo usarlas en combinación y, de ser necesario, aumentar la intensidad. Por ejemplo, en el caso de la toalla mojada, podría empezar por comentarle con toda calma a mi hija, "Esa toalla está mojando mi cobertor".

Podría combinar ese comentario con, "El lugar de las toallas mojadas es el baño".

Si la veo perdida en sus ensueños y realmente quiero adentrarme en sus pensamientos, podría aumentar el volumen. *"Jill, ¡la toalla!"*

Supongamos que ni siquiera se mueve y eso empieza a molestarme. Puedo hablarle en voz todavía más alta *"¡Jill, no quiero tener que dormir toda la noche en una cama mojada y fría!"*

Quizá desee ahorrarme las palabras. Podría dejarle una nota en su sempiterno libro: "¡Las toallas mojadas sobre mi cama me enfurecen!"

Incluso podría imaginarme a mí misma lo bastante enojada para decirle, "No me gusta que no me hagan caso. Voy a quitar de allí tu toalla mojada, ¡pero ahora tienes una madre resentida!"

Hay muchas formas de igualar el mensaje con el estado de ánimo.

Ahora quizá usted desee aplicar estas habilidades a las realidades de su propio hogar. De ser así, tómese unos minutos para repasar su lista de "lo que debe hacerse y lo que no debe hacerse" en la página 50. ¿Es posible que algunas de las "obligaciones" de esta lista pudieran ser más fáciles para usted y para su hijo si usa las habilidades con las que acaba de trabajar? Quizá las habilidades que presentamos en el capítulo 1, sobre cómo aceptar los sentimientos negativos de un niño, también podrían ayudar a aliviar la situación.

Medite en ello y anote las habilidades que crea que le agradaría intentar esta semana.

EL PROBLEMA   LAS HABILIDADES QUE PODRÍA USAR

_____

_____

_____

_____

_____

_____

_____

_____

Algunos de ustedes quizás estén pensando, "Pero, supongamos que a pesar de todo mi hijo no reacciona, ¿qué puedo hacer entonces?" En el siguiente capítulo exploraremos algunas habilidades más avanzadas para obtener la cooperación de nuestros hijos. Hablaremos de la forma de resolver los problemas y de otras alternativas para el castigo. Su tarea para la próxima semana lo ayudará a consolidar los puntos en los que ha trabajado hasta ahora. Mientras tanto, espero que las ideas que ofrecemos en este capítulo le hagan más llevaderos los próximos días.

TAREA

I. Una cosa inútil que no dije esta semana: (En ocasiones lo que no decimos puede ser tan útil como lo que decimos).

Situación: _____

_____

No dije: _____

II. Dos nuevas habilidades que puse en práctica esta semana:

Situación: 1. _____

_____

Habilidad que usé: _____

Reacción del niño: _____

Mi reacción: _____

Situación 2. _____

_____

Habilidad que usé: _____

Reacción del niño: _____

Mi reacción: _____

III. Una nota que escribí: _____

_____

IV. Lea la Segunda Parte de "Cómo obtener la cooperación"

Un rápido recordatorio. . .

Para obtener la cooperación de un niño

1. DESCRIBA LO QUE VE, O DESCRIBA EL PROBLEMA.

   "Hay una toalla mojada sobre la cama".

2. DÉ INFORMACIÓN.

   "La toalla está mojando mi cobertor".

3. DÍGALO CON UNA PALABRA.

   "¡La toalla!"

4. DESCRIBA LO QUE SIENTE.

   "¡No me agrada dormir en una cama mojada!"

5. ESCRIBA UNA NOTA.

   (arriba del toallero)
   Favor de volver a dejarme aquí para que pueda secarme.

   ¡Gracias!
   Tu toalla

Segunda parte: COMENTARIOS, PREGUNTAS E HISTORIAS DE LOS PADRES

Preguntas

1. ¿No es la forma "cómo" se le dice algo a un niño tan importante como lo "qué" se le dice?

Ciertamente lo es. La actitud detrás de sus palabras es tan importante como las palabras mismas. La actitud con la cual prosperan los niños es una que comunique. "Básicamente eres una persona capaz y digna de ser amada. Justo ahora hay un problema que requiere atención. Una vez que estés consciente de él, es probable que reacciones de una manera responsable".

La actitud que frustra a los niños es la que comunica, "Básicamente eres irritante de inepto. Siempre estás haciendo algo mal y este último incidente es una prueba más de tus errores".

2. Si la actitud es tan importante, ¿para qué molestarse con las palabras?

Una mirada de disgusto del padre o un tono de desprecio pueden herir profundamente. Pero si además de eso, un niño se ve sujeto a ciertas palabras como "estúpido". . . "descuidado". . . "irresponsable". . . "jamás aprenderás", se sentirá doblemente herido. De alguna manera, las palabras tienen una forma de quedarse flotando en el ambiente, envenenándolo. Y lo peor de todo es que los niños a veces sacan a relucir esas palabras más adelante y las usan como armas en contra de sí mismos.

3. ¿Qué hay de malo con decirle "Por favor" a un niño cuando queremos que haga algo?

Ciertamente para pedir pequeños favores tales como "por favor pásame la sal" o "por favor detén la puerta", la palabra "por favor" es una señal común de los buenos modales, una forma de quitarles el aguijón a las órdenes que de otra manera serían bruscas: "pásame la sal", o "detén la puerta".

Les decimos "por favor" a nuestros hijos como un modelo de una forma socialmente aceptable de pedir un pequeño favor.

Pero la expresión de "por favor" se presenta más para nuestros momentos más relajados. Cuando en verdad estamos alterados, un amable "por favor" también puede conducir a problemas. Considere el siguiente diálogo:

LA MADRE: (*tratando de ser amable*). Por favor, no saltes sobre el sofá.

EL NIÑO: (*sigue saltando*).

LA MADRE: (*en voz más alta*). ¡Por favor no hagas eso!

EL NIÑO: (*vuelve a saltar*).

LA MADRE: (*de pronto le pega con fuerza al niño*). Te lo pedí "por favor", ¿no es así?

¿Qué sucedió? ¿Por qué razón la madre pasó de la cortesía a la violencia en cuestión de segundos? El hecho es que cuando usted se ha esforzado y no le han prestado atención casi de inmediato surge la cólera. Usted se inclina a pensar, "¿cómo es posible que este niño se atreva a desafiarme después de que he sido tan amable? ¡Le demostraré quien soy! ¡Wham!"

Cuando usted quiere que se haga algo de inmediato, es una buena idea hablar con energía, en vez de suplicar. Un comentario firme y en voz alta, "¡Los sofás no son para saltar sobre ellos!" probablemente detendrá mucho antes al saltarín. (Si el pequeño insiste, siempre podría quitarlo de allí, a toda prisa, repitiendo en un tono de voz severo "¡¡Los sofás no son para saltar sobre ellos!!")

4. ¿Hay alguna forma de explicar el hecho de que a veces mis hijos reaccionan cuando les pido que hagan algo y a veces me parece que no logro comunicarme con ellos?

En una ocasión les preguntamos a varios niños en edad escolar que por qué motivo a veces no escuchaban a sus padres. He aquí lo que nos comentaron:

- "Cuando llego a casa de la escuela, estoy cansado y si mi madre me pide que haga algo, finjo que no la escuché".
- "A veces estoy tan ocupado jugando o viendo la televisión que en realidad no la escucho".
- "A veces estoy enojado por algo que sucedió en la escuela y no me siento con ganas de hacer lo que ella me pide".

Además de estos pensamientos de los niños, he aquí algunas preguntas que quiera quizá hacerse a sí mismo cuando crea que no está logrando "comunicarse":

¿Tiene sentido mi petición, en términos de la edad y de la capacidad de mi hijo? (¿Estoy esperando que un niño de ocho años tenga unos modales perfectos cuando se sienta a la mesa?)

¿Cree él que lo que le pido es algo irrazonable? ("¿Por qué mi madre me fastidia para que me lave detrás de las orejas? Nadie ve esa parte de mi cuerpo").

¿Puedo ofrecerle una elección acerca de *cuándo* debe hacer algo, en vez de insistir en que lo haga "ahora mismo"? ("¿Quieres bañarte antes de tu programa de televisión, o inmediatamente después?").

¿Puedo ofrecerle una elección acerca de cómo debe hacer algo? ("¿Quieres bañarte con tu muñeco, o con tu barquito?").

¿Hay algunos cambios físicos que podrían hacerse en la casa, que pudieran ser una invitación a la cooperación? (¿Sería posible instalar algunos colgaderos a menor altura en el clóset, para eliminar la lucha con los ganchos para la ropa? ¿Algunos estantes adicionales en la habitación del niño harían menos abrumadora la limpieza?).

Por último; ¿la mayor parte de los momentos que paso con mi hija los dedico a pedirle que "haga ciertas cosas"? ¿O estoy dedicando algún tiempo a estar a solas con ella, sólo para "estar juntas"?

5. Debo confesar que en el pasado le he dicho a mi hija todo lo que se supone que no se debe decir. Ahora estoy tratando de cambiar y ella me está haciendo pasar momentos muy difíciles. ¿Qué puedo hacer?

La niña que ha recibido fuertes dosis de críticas puede ser supersensible. Incluso un amable "tu almuerzo" puede parecerle una acusación más de su "naturaleza olvidadiza". Esa niña quizá necesita que se pasen por alto muchas cosas y una buena dosis de aprobación antes de que empiece a escuchar cualquier cosa que se asemeje al más ligero indicio de desaprobación. Más adelante en este libro encontrará algunas formas de ayudar a su pequeña a considerarse a sí misma de una manera más positiva. Mientras tanto, es muy probable que haya un periodo de transición durante el cual quizá reaccione con desconfianza e incluso con hostilidad al nuevo enfoque de sus padres.

Pero no se deje desanimar por la actitud negativa de su hija. Todas las habilidades acerca de las cuales ha leído son formas de demostrarle respeto a la otra persona. La mayoría de la gente reacciona a eso tarde o temprano.

6. El buen humor funciona mejor con mi hijo. Le fascina que le pida que haga algo en una forma graciosa. ¿Está bien hacerlo?

Si puede llegar a la mente de su hijo a través de su sentido del humor, ¡mayor será su autoridad! No hay nada como un poco de buen humor para galvanizar a los hijos a que entren en acción y para avivar el estado de ánimo en el hogar. El problema para muchos padres es que su sentido natural de lo que es divertido se desinfla debido a la cotidiana irritación de vivir con los niños.

Un padre comentó que una forma segura de introducir un poco de espíritu de juego en la tarea por desempeñar es usar una voz o un acento diferentes. La voz favorita de sus hijos es la de un robot: "Aquí —RC3C—. La-próxima-persona-que-saque-hielo-y-no-vuelva-a-llenar-la-charola-será-puesta-en-órbita-en-el-espacio-exterior. Favor-de-tomar-una-acción-positiva".

7. A veces descubro que repito una y otra vez la misma cosa. Aun cuando uso estas habilidades, todavía doy la impresión de que estoy sermoneando. ¿Hay alguna forma de evitar esto?

A menudo lo que nos hace repetir lo que decimos es un niño que actúa como si no nos hubiese escuchado. Cuando se sienta tentado a recordarle algo a un niño por segunda o tercera vez, deténgase. En vez de eso, *indague con él si lo ha escuchado*. Por ejemplo:

LA MADRE: Billy, nos iremos dentro de cinco minutos.
BILLY: (*no responde y sigue leyendo las tiras cómicas*).
LA MADRE: ¿Quisieras repetirme lo que acabo de decirte?
BILLY: Dijiste que nos iremos dentro de cinco minutos.

LA MADRE: De acuerdo, ahora ya lo sabes, no te lo volveré a mencionar.

8. Mi problema es que cuando pido ayuda, mi hijo responde, "sí papá, al rato" y después nunca lo hace. ¿Qué puedo hacer entonces?

He aquí un ejemplo de la forma en que un padre manejó ese problema:

EL PADRE: Steven, ya pasaron dos semanas desde que podaste el césped. Me gustaría que lo hicieras el día de hoy.

EL HIJO: Por supuesto, papá, al rato.

EL PADRE: Me sentiría mejor si supiera exactamente a qué hora planeas hacerlo.

EL HIJO: Tan pronto como termine este programa.

EL PADRE: ¿Y cuándo será eso?

EL HIJO: Más o menos dentro de una hora.

EL PADRE: Muy bien. Ahora sé que puedo contar con que podarás el césped dentro de una hora. Gracias, Steve.

Comentarios, advertencias y anécdotas
acerca de cada habilidad

I. Describa. Describa lo que ve o describa el problema.

La mejor parte de emplear un lenguaje descriptivo es que elimina los ademanes de señalar con el dedo y las acusaciones y ayuda a todos a concentrarse en lo que es necesario hacer.

- "La leche se derramó. Necesitamos una esponja."
- "El frasco se rompió. Necesitamos una escoba."
- "Esta piyama está descosida. Necesitamos una aguja e hilo."

Quizá desee intentar cada uno de los comentarios anteriores consigo mismo, sólo que esta vez empiece cada frase como un "tú". Por ejemplo, "Tú derramaste la leche. . . Tú rompiste el frasco. . . Tú descosiste tu piyama. . .". ¿Se da cuenta de la diferencia? Muchas personas afirman que el "tú" las hace sentirse acusadas y después a la defensiva. Cuando describimos lo sucedido (en vez de hablar de lo que ''tú hiciste''), parece que le facilitamos al niño escuchar cuál es el problema y enfrentarse a él.

* * *

Me enfurecí cuando mis dos hijos pequeños se presentaron a cenar cubiertos de pintura de agua color verde, pero estaba decidida a no perder la paciencia y empezar a gritarles. Recurrí a mi lista de habilidades, que había pegado sobre la puerta de la despensa y usé la primera que vi, Describa lo que ve. He aquí lo que sucedió después.

YO: ¡Veo dos niños con pintura verde en las manos y en la cara!
Ambos se miraron el uno al otro y corrieron al baño a lavarse.
Unos minutos después entré al baño y una vez más estuve a punto de empezar a gritar. ¡Los azulejos estaban cubiertos de pintura! Pero perseveré en mi única habilidad.

YO: ¡Veo pintura verde en las paredes del baño!

Mi hijo mayor corrió en busca de un trapo, diciendo, ''¡Al rescate!'' Cinco minutos después me llamó para que volviera a inspeccionar el baño.

YO: (aferrándome a la descripción). Veo que alguien útil limpió toda la pintura verde de las paredes del baño.

Mi hijo mayor estaba rebosante de alegría. Entonces el más pequeño dejó escuchar su voz, ''¡Y ahora yo voy a limpiar el lavabo!''
De no haberlo visto, jamás lo habría creído.

Advertencia: Es posible usar esta habilidad en una forma que resulte irritante. Por ejemplo, un padre nos comentó que estaba parado cerca de la puerta del frente de su casa un día que hacía mucho frío y le comentó a su hijo que acababa de entrar, ''La puerta está abierta''. Y el niño replicó, ''¿Y por qué no la cierras?''
El grupo decidió que el niño interpretó el comentario descriptivo de su padre como ''Estoy tratando de hacer que hagas lo co

rrecto, indirecta, indirecta''. El grupo también decidió que los comentarios descriptivos funcionan mejor cuando el niño siente que verdaderamente se necesita ayuda.

II. Dé información. Lo que más nos agrada acerca de dar información es que en cierto sentido se le está ofreciendo al niño un don que podrá usar eternamente. Durante el resto de su vida necesitará saber que ''la leche se agria cuando no está refrigerada'', que ''las heridas abiertas deben mantenerse limpias'', que ''los discos se tuercen cerca del calor'', que ''las galletas se hacen rancias cuando se deja abierta la caja'', etcétera. Los padres nos han comentado que la habilidad de dar información no resulta difícil; según dice, lo que es difícil es olvidarse del insulto al final, como por ejemplo, ''El lugar de la ropa sucia es el cesto de la ropa para lavar. Nunca aprenderás, ¿o sí?''

También nos gusta darles información a los niños porque el pequeño parece percibir eso como un acto de confianza en él. Se dice a sí mismo, ''Los adultos confían en que yo actuaré de una manera responsable una vez que esté enterado de los hechos''.

* * *

Monique llegó a casa después de su reunión de las niñas exploradoras y llevaba su uniforme. Empezó a jugar en el jardín. Debí gritarle dos o tres veces que se cambiara y se pusiera unos pantalones. Seguía preguntando, ''¿Por qué?''

Y yo seguía diciendo, ''Vas a romper tu uniforme''.

Por último le indiqué, ''Los pantalones son para jugar en el jardín; los uniformes son para ir a las juntas de niñas exploradoras''.

Con gran sorpresa de mi parte, interrumpió lo que estaba haciendo y de inmediato entró a cambiarse.

* * *

Un padre compartió la siguiente experiencia acerca de él mismo y de su recién adoptado hijo coreano de cinco años de edad:

Kim y yo caminábamos juntos por la acera para ir a visitar a un vecino y devolverle su escalera. Cuando estábamos a punto de tocar el timbre, unos niños que estaban jugando en la calle

señalaron hacia Kim y gritaron, "¡Es un chino! ¡Es un chino!"
Kim se veía confundido y perturbado, aun cuando no entendía
el significado de las palabras.

Muchos pensamientos cruzaron por mi mente: "Ni siquiera
dijeron el país correcto, esos pequeños canallas, me gustaría darles
un buen susto y llamar a sus padres, pero entonces acabarían
por desquitarse con Kim. Para bien o para mal, éste es su vecin-
dario y tiene que encontrar la forma de vivir en él."

Me dirigí hacia los niños y con toda calma les dije, "Los apodos pueden herir los sentimientos".

Parecieron desconcertados por lo que les dije. (Tal vez creían
que iba a gritarles). Después me dirigí a la casa de mi amigo,
pero al entrar dejé la puerta abierta. No insistí en que Kim entra-
ra; cinco minutos después me asomé por la ventana y vi a Kim
jugando con todos los niños.

* * *

Al levantar la vista pude ver a Jessica, de tres años, siguiendo
en su triciclo a su hermano, de ocho años, que andaba en bicicleta por la calle. Afortunadamente, no había ningún vehículo
a la vista. La llamé, "Jessica, dos ruedas pueden andar por la
calle; el lugar para tres ruedas es en la acera".

Jessica se bajó del triciclo, con toda solemnidad contó las ruedas y se lo llevó a la acera, en donde siguió su paseo.

Advertencia. Absténgase de darle a un niño una información
que ya conoce. Por ejemplo, si fuera a decirle a una niña de diez
años, "La leche se agria cuando no está refrigerada", podría llegar
a la conclusión de que usted cree que es estúpida, o bien que
está siendo sarcástica.

III. El comentario de una palabra. Muchos padres nos han
comentado lo mucho que aprecian esta habilidad. Afirman que
ahorra tiempo, palabras inútiles y tediosas explicaciones.

Los adolescentes con quienes hemos trabajado también nos
han comentado que prefieren una sola palabra, "Puerta". . .
"Perro". . . o "Platos" y que encuentran que es un gran alivio
en vez del acostumbrado sermón.

Creemos que el valor de los comentarios de una sola palabra
radica en el hecho de que en vez de una orden tiránica, les damos

a los niños una oportunidad de ejercitar su propia iniciativa y su propia inteligencia. Cuando el niño lo escucha decir, "El perro", tiene que pensar, "¿Qué sucede con el perro?. . . Oh, claro, todavía no lo he sacado a pasear esta tarde. . . Creo que sería mejor que lo hiciera ahora mismo".

Advertencia. No use el nombre de su hija como su comentario de una sola palabra. Cuando una niña escucha en tono desaprobador, "Susie" muchas veces durante el día, empieza a asociar su nombre con la desaprobación.

IV. Describa lo que siente. La mayoría de los padres experimenta un gran alivio al descubrir que puede ser útil compartir con sus hijos sus verdaderos sentimientos y que no es necesario ser eternamente pacientes. Los niños no son frágiles; son perfectamente capaces de enfrentarse a comentarios como:

- "Ahora no es un buen momento para que lea tu composición; estoy tenso y distraído. Después de la cena podré concederle toda la atención que se merece."
- "Sería una buena idea que te mantuvieras alejado de mí durante un rato. Me siento irritable y eso no tiene nada qué ver contigo."

Una madre sola que educaba a dos hijos pequeños comentó que acostumbraba sentirse alterada consigo misma porque a menudo no tenía paciencia con ellos. Al fin decidió tratar de aceptar mejor sus sentimientos y enterar de ello a sus hijos, en términos que pudieran comprender.

Empezó a decirles cosas como, "En este momento tengo tanta paciencia como una sandía". Y un poco después, "Bien, justo ahora tengo tanta paciencia como una toronja". Y más adelante anunciaba, "Ahora es más o menos del tamaño de un chícharo. Creo que deberíamos olvidarnos de esto antes de que se encoja más."

Comprendió que sus hijos la habían tomado en serio, porque una noche su hijo le preguntó, "Mamá, ¿de qué tamaño es tu paciencia ahora? ¿Podrías leernos un cuento esta noche?"

Otros más expresaron su preocupación por describir sus sentimientos. Si compartían sus emociones más honestas, ¿no los haría eso más vulnerables? Supongamos que le dijeran al niño, "Eso me molesta" y el niño respondiera, "Y eso ¿a quién le importa?"

Nuestra experiencia ha sido que los niños cuyos sentimientos se respetan con toda probabilidad respetarán los sentimientos de los adultos. Pero muy bien pudiera haber un periodo de transición en el cual usted quizás escuche un descortés, "¿A quién le importa?" Si se llega a eso, puede hacerle saber al niño "A mí; yo sí me preocupo por lo que siento y también me preocupo por la forma en que *tú* te sientes. ¡Y espero que ésta sea una familia en la cual todos nos preocupemos por los sentimientos de los demás!"

Advertencia. Algunos niños son muy sensibles a la desaprobación de sus padres. Para ellos, los comentarios enérgicos tales como "Estoy enojado" o "Eso me hace sentir furioso" son más de lo que pueden soportar. En venganza responderán en tono beligerante, "Pues bien, ¡entonces yo también estoy furioso contigo!" Con esa clase de niños, es mejor que usted sólo manifieste lo que espera de ellos. Por ejemplo, en vez de, "Estoy enojado contigo porque le jalaste la cola al gato", sería útil decir, "Espero que seas bondadoso con los animales".

V. Escriba una nota. A la mayoría de los niños le fascina recibir notas, tanto los que ya saben leer como los que no pueden hacerlo. Los pequeños, por lo común, se sienten muy emocionados cuando reciben un mensaje escrito de sus padres; eso los anima a escribir o a dibujar notas en respuesta a las de sus padres.

A los niños mayores también les agrada recibir notas. Los adolescentes que formaban parte de un grupo con el que trabajamos nos comentaron que una nota los hace sentir bien, "como si recibieran una carta de un amigo". Se sentían conmovidos al ver que sus padres se preocupaban por ellos lo suficiente para tomarse el tiempo y la molestia de escribirles. Un jovencito declaró que lo que más apreciaba de las notas era "que no subían de tono".

Asimismo los padres han manifestado que a ellos también les agrada usar notas. Dicen que es una forma rápida y sencilla de comunicarse con un niño y que además deja un sabor agradable.

Una madre nos comentó que siempre tiene un block y un viejo tarro de café con una docena de lápices en el mostrador de su cocina. Varias veces a la semana se encuentra en alguna situación en la cual o bien los niños la han escuchado perdirles lo mismo con tanta frecuencia que no le hacen caso, o por el contrario, ella está dispuesta a prescindir de sus hijos y hacer ella misma el trabajo.

En esos momentos, confiesa que necesita menor esfuerzo para tomar un lápiz que para abrir la boca.

He aquí una muestra de algunas de sus notas:

QUERIDO BILLY,
  NO HE SALIDO DESDE ESTA MAÑANA,
DAME UNA OPORTUNIDAD.
   TU PERRO,
   HARRY

QUERIDA SUSAN,
  ESTA COCINA NECESITA VOLVER A ESTAR ORDENADA.

POR FAVOR, HAZ ALGO ACERCA DE:
  1. LOS LIBROS SOBRE LA ESTUFA
  2. LAS BOTAS EN LA PUERTA
  3. EL SACO EN EL SUELO
  4. LAS MIGAJAS DE GALLETA SOBRE LA MESA
GRACIAS ANTICIPADAS.
   MAMÁ

AVISO:
  ESTA NOCHE LA HORA DE CONTAR CUENTOS SERÁ A LAS 7:30 P.M. TODOS LOS NIÑOS QUE ESTÉN EN PIYAMA Y CON LOS DIENTES CEPILLADOS ESTÁN INVITADOS.
   CON AMOR,
   MAMÁ Y PAPÁ

Un toque de buen humor con las notas no es absolutamente necesario, pero sí puede ayudar. Sin embargo, a veces la situación no es divertida y el sentido del humor sería inadecuado. Estamos pensando en el padre que nos contó que su hija echó a perder su nuevo disco por haberlo tocado en su pequeño tocadiscos con una aguja defectuosa. Declaró que si no hubiese podido ventilar su cólera por escrito, la habría castigado. En vez de eso, escribió:

Alison,

   ¡¡¡ESTOY A PUNTO DE ESTALLAR!!!

   Alguien tomó sin mi permiso mi nuevo disco
y ahora está todo rayado y ya no toca.

   TU ENOJADO PAPÁ

Un poco después, el padre recibió la siguiente nota de su hija:

Querido papá,

   En verdad lo siento. Este sábado te compraré otro y
puedes rebajar su costo del dinero que me das a la semana.

   Alison

Nunca dejamos de maravillarnos al ver la forma en que los niños que todavía no saben leer se las arreglan para "leer" las notas que les escriben sus padres. He aquí el testimonio de una joven madre que trabaja:

Para mí, el peor momento cuando llego a casa después del trabajo son esos veinte minutos tratando de preparar la cena mientras los niños corren de un lado a otro entre el refrigerador y la caja del pan. Para el momento en que la cena está servida, ya no tienen apetito.

El lunes pasado en la noche puse una nota escrita con crayón en la puerta:

COCINA CERRADA

HASTA LA HORA DE LA CENA

Mi hijo de cuatro años de inmediato quiso saber qué decía la nota, así que le expliqué cada palabra. Respetó esa nota a tal grado que ni siquiera puso los pies en la cocina; siguió jugando afuera de la puerta con su hermanita hasta que yo retiré la nota y los llamé.

La siguiente noche volví a colocar la nota. Mientras preparaba las hamburguesas, escuché a mi hijo enseñándole a su hermanita de dos años lo que quería decir cada palabra; entonces vi a la pequeña señalar cada palabra y "leerla": "Cocina. . .cerrada. . .hasta. . .la. . .hora. . .de. . .la. . .cena."

El empleo más extraordinario de una nota fue el que nos contó una madre que estudia parte del tiempo. He aquí su historia:

En un momento de debilidad, ofrecí mi casa para una junta de veinte personas. Me sentía tan nerviosa pensando en que todo debería estar a tiempo que salí más temprano de la escuela.

Cuando llegué a casa, eché una mirada a mi alrededor y el corazón se me cayó a los talones. El lugar era un desorden. . . montones de periódicos, correspondencia, libros, revistas, el baño sucio, las camas sin hacer. Tenía poco más de dos horas para ordenarlo todo y empezaba a sentirme al borde de la histeria. Los niños llegarían a casa en cualquier momento y sabía que no tendría la calma suficiente para enfrentarme a una sola exigencia ni a sus pleitos.

Pero no quería verme obligada a hablar ni a dar explicaciones, así que decidí escribir una nota, pero en toda la casa no había una sola superficie despejada en donde colocarla. De manera que tomé un pedazo de cartulina, le hice dos agujeros, le amarré un cordel y me colgué el letrero del cuello;

BOMBA DE TIEMPO HUMANA
¡¡¡¡EXPLOTARÁ SI LA MOLESTAN
O LA HACEN ENFADAR!!!!
TENDREMOS VISITAS
¡SE SOLICITA AYUDA CON URGENCIA!

Entonces me dediqué a trabajar como una furia. Cuando los niños llegaron de la escuela, leyeron mi letrero y se ofrecieron voluntarios para recoger sus libros y sus juguetes. Después sin que yo les dijera una sola palabra, hicieron sus camas. . . y *¡y la mía!* Increíble.

Estaba a punto de empezar con el baño cuando sonó el timbre. Durante un momento me invadió el pánico, pero sólo era el hombre que llevaba las sillas alquiladas. Le indiqué que pasara y me pregunté por qué no se movía; lo único que hacía era contemplar mi tórax.

Miré hacia abajo y vi que el letrero aún estaba allí. Cuando empezaba a explicarle, me interrumpió, ''No se preocupe, señora; cálmese. Sólo dígame en dónde quiere las sillas y yo se las instalaré''.

* * *

Muchas personas nos han preguntado, "Si uso estas habilidades en la forma apropiada, ¿reaccionarán siempre mis hijos?" Nuestra respuesta es: Esperamos que no. Los niños no son robots. Además, nuestro propósito *no* es establecer una serie de técnicas para manipular la conducta de manera que los niños siempre respondan.

Nuestro propósito es dirigirnos a lo que hay de bueno en nuestros hijos: su inteligencia, su iniciativa, su sentido de responsabilidad, su sentido del humor y su capacidad de ser sensibles a las necesidades de los demás.

Queremos ponerle fin a un lenguaje que hiere el espíritu y buscar el lenguaje que fomente la propia estimación.

Queremos crear un ambiente emocional que aliente a los niños a cooperar porque se preocupan por sí mismos y porque se preocupan por nosotros.

Queremos demostrar la clase de comunicación respetuosa que esperamos que nuestros hijos usen con nosotros, ahora, durante los años de su adolescencia y por último como nuestros amigos adultos.

3 | Alternativas para el castigo

A medida que empezó a usar algunas de las habilidades para obtener la cooperación, ¿descubrió que es necesario meditar y tener control de sí mismo para no decir algunas de las cosas que por lo común dice? Para muchos de nosotros, el sarcasmo, los sermones, las advertencias, el uso de calificativos despectivos y las amenazas estuvieron entretejidos en el lenguaje que escuchábamos durante nuestro crecimiento. No resulta fácil renunciar a lo familiar.

A menudo los padres nos han comentado lo alterados que se sentían debido a que, incluso después de asistir a una sesión, todavía se encontraban diciéndoles a sus hijos las mismas cosas que no les agradan. La única diferencia era que ahora se oían a sí mismos. En realidad, escucharse a uno mismo representa un progreso; es el primer paso hacia el cambio.

Sé por experiencia propia que el proceso del cambio no tiene lugar fácilmente. Me oía usando las antiguas formas inútiles: "¿Qué pasó con ustedes, niños? Nunca se acuerdan de apagar la luz del baño." Después me sentía molesta conmigo misma y decidía que jamás volvería a repetir eso. Y luego volvía a hacerlo. Qué remordimiento. "Jamás aprenderé este asunto. . . ¿De qué otra manera habría podido decirlo?. . . Ya sé. . . debí decir, 'Niños, la luz del baño está encendida'. O mejor todavía, 'Niños, ¡la luz!'" Y entonces me preocupaba pensando que jamás tendría la oportunidad de decirlo.

No tenía por qué preocuparme; siempre dejaban encendida la luz del baño. Pero la siguiente vez, ya estaba preparada para indicarles: "Niños, la luz". Y alguien corría a apagarla. ¡Qué éxito!

Además, también había ocasiones en las que yo decía todas las "cosas adecuadas" y nada parecía dar resultado. Los niños no me hacían caso o, lo que era aún peor, me desafiaban. Y cuando eso sucedía, lo único que yo quería hacer era una cosa: ¡CASTIGARLOS!

Con objeto de comprender más profundamente lo que sucede entre la gente cuando una persona castiga a otra, por favor lea las dos escenas siguientes y responda las preguntas a continuación.

Escena uno:

LA MADRE: Deja de correr de un lado para otro por todos los pasillos. . . Quiero que te quedes junto al carrito de mamá mientras hacemos las compras. . . ¿Por qué tienes que tocarlo todo? Ya te lo dije, "¡Quédate a un lado del carrito!". . . Vuelve a poner esos plátanos en donde estaban. . . No, no vamos a comprarlos; tenemos muchos en casa. . . ¡Y deja de apachurrar los jitomates! Te lo advierto, si no te quedas junto al carrito, te arrepentirás. . . Saca la mano de ahí, ¿quieres? *Yo* escogeré el helado. . . Otra vez has empezado a correr. ¿Quieres caerte?

¡Muy bien, ¡ahora sí la has hecho buena! ¿Sabes que estuviste a punto de derribar a esa anciana señora? Recibirás un castigo. Esta noche no probarás una sola cucharada de este helado que acabo de comprar. ¡Tal vez eso te enseñará a no comportarte como un animal salvaje!

Escena dos:

EL PADRE: Billy, ¿tú usaste mi sierra?
BILLY: No.
EL PADRE: ¿Estás seguro?
BILLY: Lo juro, ¡ni siquiera la toqué!
EL PADRE: Pues bien, entonces ¿cómo la encontré tirada allá afuera, toda enmohecida, junto a ese carrito que están haciendo tú y tu amigo?
BILLY: ¡Ah, sí! La estábamos usando la semana pasada y entonces empezó a llover y nos metimos a la casa y creo que se me olvidó.
EL PADRE: ¡De manera que me mentiste!

BILLY: No te mentí. En verdad me olvidé.

EL PADRE: ¡Claro, en la misma forma en que te olvidaste de mi martillo la semana pasada y de mi desarmador hace dos semanas!

BILLY: Vamos, papá, en verdad no quise hacerlo. A veces simplemente me olvido.

EL PADRE: Pues bien, quizá esto te ayudará a recordar. No sólo no volverás a tener la oportunidad de usar mis herramientas, sino que por mentirme encima de todo, ¡mañana que vayamos al cine tú te quedarás en casa!

Preguntas. 1. ¿Qué fue lo que motivó a los padres en cada una de esas escenas a castigar a sus hijos?

Escena I _____

_____

Escena II _____

_____

2. ¿Cuáles cree que podrían ser los sentimientos de los niños que recibieron el castigo?

Escena I _____

_____

Escena II _____

_____

¿Castigar o no castigar?

Siempre que esa interrogante surge en un grupo, por lo general, pregunto, "¿Por qué? ¿por qué castigamos?" He aquí algunas de las respuestas que han dado los padres:

- "Si uno no los castiga, los niños tratarán de salirse con la suya."
- "A veces me siento tan frustrada, que no sé qué otra cosa puedo hacer."
- "¿Cómo aprenderá mi hijo que lo que hizo estuvo mal y que no debe volverlo a hacer si no lo castigo?"

- "Si castigo a mi hijo es porque es la única forma de hacerlo entender."

Cuando les pido a los padres que recuerden sus propios sentimientos cuando los castigaban, obtengo las siguientes respuestas:

- "Yo odiaba a mi madre y pensaba, es una arpía; después me sentía culpable."
- "Yo acostumbraba pensar, mi padre tiene razón, soy muy malo y merezco que me castiguen."
- "Yo albergaba la fantasía de que algún día enfermaría de gravedad y mis padres se arrepentirían de lo que me habían hecho."
- "Recuerdo que pensaba, son unos malvados, pero yo me desquitaré. Volveré a hacerlo, pero la próxima vez no me descubrirán."

Mientras más hablaban esos padres, más conscientes estaban de que el castigo sólo puede conducir a sentimientos de odio, venganza, desafío, culpabilidad, desmerecimiento y autocompasión. Sin embargo, seguían preocupándose:

- "Si renuncio a los castigos, ¿no estaré concediéndoles a mis hijos una posición de autoridad?"
- "Tengo miedo de perder mi último método de control y de quedarme impotente."

Yo comprendía su preocupación. Recuerdo haberlo preguntado al doctor Ginott, "¿En qué momento está bien castigar a un niño que no nos hace caso o nos desafía? ¿No debe haber alguna consecuencia para un niño que tiene un mal comportamiento?"

Él respondía que un niño *debería* experimentar las consecuencias de su mala conducta, pero no un castigo. Creía que en una relación de amor el castigo no tiene cabida.

Yo seguía presionándolo: "Pero supongamos que un niño sigue desobedeciendo. ¿No está bien castigarlo entonces?"

El doctor Ginott decía que el problema con el castigo es que no da resultado, que es una distracción y que en vez de que el niño se arrepienta de lo que hizo y piense en la forma de enmendarse, se preocupa con fantasías de venganza. En otras palabras, al castigar a un niño en realidad lo privamos del importantísimo proceso interno de enfrentarse a su propio mal comportamiento.

Esta manera de pensar, que el castigo no da resultado porque es una distracción, era algo demasiado nuevo para mí. ¿Qué podía hacer en vez de eso?

Tómese ahora algún tiempo para pensar en otra forma en la cual los padres podrían haber manejado las dos situaciones que acaba de leer. Vea que ideas puede encontrar.

1. ¿Cuáles son otras posibilidades, que no sean un castigo, para controlar al niño en el supermercado?

_____

_____

2. ¿Cuáles son otras posibilidades, que no sean un castigo, para controlar al niño que tomó las herramientas de su padre y no se las devolvió?

_____

_____

Siempre me impresiona el ingenio de los padres. Si les concedemos una poca de tranquilidad y algún tiempo para pensar, por lo común, encuentran una gran variedad de formas en las cuales controlar los problemas, que no sean un castigo. Por ejemplo, veamos las sugerencias que surgieron de otro grupo:

La madre y el hijo podrían ensayar en casa en una "supuesta" tienda, con algunos objetos para ayudarse. Mientras juegan y actúan juntos, la madre puede repasar los puntos más delicados del decoro en un supermercado.

Podrían escribir juntos un libro muy sencillo, con dibujos, titulado *Johnny va al supermercado*. Ese libro podría incluir las responsabilidades de Johnny como miembro activo del equipo que va de compras, el que empuja el carrito, ayuda a cargar y descargar las compras y a acomodarlas.

O bien Johnny, con ayuda de la madre, podría preparar una lista de las compras, con palabras o dibujos, de los productos que se encargará de buscar y de poner en el carrito.

El padre y el hijo podrían idear un sistema de tarjetas de biblioteca mediante el cual se le dé salida a cada herramienta, la cual deberá regresar antes de pedir prestada la siguiente.

El padre podría comprarle al hijo un "equipo de herramienta para principiantes", su próximo cumpleaños. O bien, el hijo podría empezar a ahorrar para su propio equipo.

Observe que todas estas sugerencias hacen hincapié en las medidas preventivas. ¿No sería maravilloso si siempre pudiéramos anticiparnos a los problemas planeados por adelantado? Para esos momentos en los cuales no tenemos ni la previsión ni la energía necesarias, he aquí algunas alternativas para el castigo que podrían usarse en el acto.

Alternativas para el castigo

1. Señalar una forma de ser útil.

2. Expresar una enérgica desaprobación (sin atacar el carácter del niño).

3. Indicarle lo que usted espera de él.

4. Demostrarle al niño cómo cumplir en forma satisfactoria.

5. Ofrecerle una elección.

6. Emprender alguna acción.

7. Permitir que el niño experimente las consecuencias de su mal comportamiento.

ALTERNATIVAS PARA EL CASTIGO

En vez de

Indique una forma de ser útil.

En vez de

Exprese una enérgica desaprobación (*sin atacar el carácter del niño*).

En vez de

Ofrezca una elección.

Emprenda alguna acción.
(*Retirarlo o refrenarlo*)

En vez de

Pero supongamos que se porta tan mal que la madre se ve obligada a salir de la tienda. ¿Qué sucede entonces? Al siguiente día, sin discursos ni sermones, la madre puede dejarlo que experimente las consecuencias de su mal comportamiento.

Exprese sus sentimientos con energía   *Indíquele lo que espera de él*

Demuéstrele al niño cómo cumplir en forma satisfactoria.

Para muchos niños, estos enfoques bastarían para alentarlos a actuar de una manera más responsable.

Pero, supongamos que el niño sigue tomando las cosas prestadas y olvidándose de ellas.

Ofrézcale una elección

Y si a pesar de todo sigue haciendo lo mismo. . .

Emprenda alguna acción

Ahora veamos otra forma en la cual los padres pueden controlar un persistente problema de disciplina. Al final de uno de los talleres, una madre describió las dificultades que estaba experimentando para lograr que su hijo, Bobby, llegara a casa a tiempo. Nos habló de sus constantes excusas, de sus promesas incumplidas y de sus relojes descompuestos. Por los gruñidos de reconocimiento que se escucharon cuando habló, era obvio que su problema no era nada fuera de lo común.

Antes de nuestra siguiente sesión, preparé un ejercicio para el grupo. Tomé la situación original y la expresé de acuerdo con lo que creía que sería el punto de vista de Bobby. Después escribí tres posibles formas en que los padres podrían controlar las demoras crónicas de Bobby.

Ahora, por favor, trate de hacer este mismo ejercicio por sí mismo. Después de leer la historia de Bobby y la reacción de cada uno de los padres a ella, anote cómo cree que podría sentirse Bobby.

La historia de Bobby. Cuando salgo de clases, me gusta jugar con mis amigos en el campo de juegos de la escuela. Sé que se supone que debo estar en casa a las 5.45, pero a veces me olvido de ello. El día de ayer y anteayer llegué tarde a casa. Hoy mi madre estaba tan enojada conmigo que me aseguré de preguntarle la hora a mi amigo; no quería que mi madre volviera a gritarme de esa manera. Mi amigo me informó que eran las 6.15, de manera que dejé de jugar de inmediato y me fui corriendo hasta llegar a casa. Le expliqué a mi madre que *sí* recordé preguntar la hora, pero que ya era demasiado tarde y que corrí a casa con tanta rapidez como pude.

Primera reacción de los padres:

- "¡Ya estoy harta de tus excusas! Ahora veo que no es posible confiar en ti; pero esta vez recibirás un castigo. La próxima semana todos los días regresarás a casa al terminar las clases y *permanecerás* en ella. Y no creas que podrás quedarte sentado viendo la televisión, porque incluso si yo no estoy en casa, le diré a la niñera que no habrá televisión para ti. Y ahora puedes irte directamente a tu recámara, porque la cena ha terminado."

¿Qué podría decirse Bobby a sí mismo?

_____

_____

_____

_____

Segunda reacción de los padres:

- "Oh, querido, estás muy acalorado por haber corrido. Déjame ir por una toallita para secarte la cara. Prométeme que no volverás a llegar tarde."
- "Me estás convirtiendo en un manojo de nervios. Ahora vé a lavarte las manos y por favor date prisa, porque tu cena se está enfriando. . . Oh, quizá mamá volverá a calentarla para que cenes."

¿Qué podría decirse Bobby a sí mismo?

_____

_____

_____

_____

Tercera reacción de los padres:

- "Me estás diciendo que hiciste un esfuerzo y me alegro de escuchar eso; pero aun así estoy alterada. No quiero tener que volver a pasar por esa clase de preocupación. Espero que cuando digas que estarás en casa a las 5.45, podré contar con ello."
- "Ya hemos cenado. No quedó pollo, pero si quieres, puedes prepararte un emparedado.".

¿Qué podría decirse Bobby a sí mismo?

_____

_____

_____

_____

Es obvio que no hay forma alguna de determinar lo que el verdadero Bobby se diría a sí mismo, pero quizá le interese saber los pensamientos de los padres del grupo que hizo este ejercicio. Pensaron que la primera madre fue demasiado punitiva. (El niño podría pensar, "Es muy mala; me vengaré de ella"). La segunda madre actuó como alguien que gusta de sufrir sin protestar. (El niño pensaría, "Con ella, puedo salirme con la mía"). La tercera madre estuvo "simplemente bien"; fue asertiva sin ser punitiva. (Su hijo podría pensar para sí mismo, "Mamá en verdad estaba enojada; más vale que a partir de ahora llegue a casa a tiempo. Además, tiene confianza en mí, no puedo decepcionarla. . . Y no me agradó tenerme que preparar yo mismo un emparedado".)

Teniendo en mente este ejercicio, la verdadera madre se fue a casa e intentó ese último planteamiento. Y le dio resultado. . . durante tres semanas; después Bobby regresó a sus antiguos hábitos. La madre ya estaba al cabo de su paciencia. A medida que describía su frustración, en el grupo surgían muchas preguntas: "¿Qué puede hacerse en un caso como éste?". . . Supongamos que en verdad usted lo ha intentado todo y que el problema continúa". . . "¿Qué podemos hacer cuando parece que lo único que nos queda es castigar?"

Cuando persiste un problema, por lo común, podemos suponer que es más complejo de lo que originalmente parecía. Para un problema complejo, se necesita una habilidad más compleja. Los educadores, los padres, los negociadores laborales y los consejeros matrimoniales han ideado excelentes métodos detallados para resolver conflictos difíciles. He aquí la versión que le presenté al grupo.

Para resolver los problemas

Paso   I. Hable de los sentimientos y necesidades del niño.
Paso II. Hable de sus propios sentimientos y necesidades.
Paso III. Busquen juntos alguna idea genial para encontrar una solución que les convenga a ambos.
Paso IV. Anote todas las ideas, sin hacer ninguna evaluación.
Paso V. Decida cuáles sugerencias le agradan, cuáles no le agradan y cuáles piensa poner en práctica.

RESOLUCIÓN DE PROBLEMAS

PASO I.
Hable de los sentimientos y necesidades del niño.

PASO II.
Hable de sus propios sentimientos y necesidades.

PASO III.

Busquen juntos alguna idea genial para encontrar una solución que les convenga a ambos.

PASO IV.

Anote todas las ideas sin hacer ninguna evaluación.

PASO V.
Decida cuáles sugerencias le agradan, cuáles no le agradan y cuáles piensa poner en práctica.

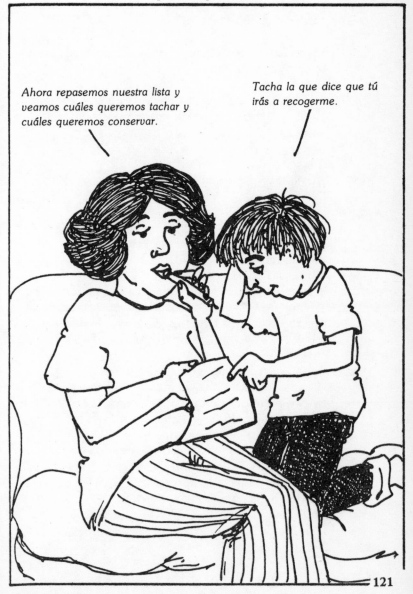

Después de resumirle al grupo los pasos del planteamiento de la resolución de problemas, decidimos que sería útil si representábamos los papeles de esa situación. Yo hice el papel de la madre y la verdadera madre hizo el papel de su hijo Bobby. He aquí el guión del diálogo que sostuvimos esa noche, tomado de la grabadora que lo registró. Como pueden ver, la madre representó de todo corazón el papel de su hijo:

LA MADRE: Bobby, hay algo que quisiera discutir contigo. ¿Es un buen momento para ti?

BOBBY: (con desconfianza). De acuerdo. ¿De qué se trata?

LA MADRE: Se trata del problema de que llegues a casa a tiempo.

BOBBY: Ya te lo dije. Lo he estado intentando, ¡pero siempre debo salirme justo cuando estamos a la mitad del partido!

LA MADRE: ¿Oh?

BOBBY: Nadie más tiene que llegar tan temprano como yo. ¡Nadie!

LA MADRE: Hmm.

BOBBY: Y yo tengo que estarles preguntando a todos la hora, porque mi estúpido reloj está descompuesto y siempre me responden, "¡Cállate, eres una plaga!"

LA MADRE: Oh, y eso duele.

BOBBY: ¡Claro! Y después Kenny me dice que soy un bebé.

LA MADRE: ¡También eso!. . . De manera que por lo que me dices, te encuentras bajo una gran presión de parte de los demás niños, que te piden que te quedes.

BOBBY: ¡Así es!

LA MADRE: Bobby, ¿sabes cuál es mi punto de vista?

BOBBY: Claro, quieres que llegue a casa a tiempo.

LA MADRE: Eso es parte del problema, pero principalmente me preocupo cuando llegas tarde.

BOBBY: ¡Pues entonces, no te preocupes!

LA MADRE: Quisiera no hacerlo. . . Escucha, vamos a buscar juntos alguna idea y a analizar de nuevo el problema para ver si podemos encontrar algunas que sean convenientes para los dos. (La madre saca un lápiz).

BOBBY: Yo llegaré tarde a casa, pero tú no te preocuparás.

LA MADRE: De acuerdo, la anotaré. ¿Qué más?

BOBBY: No sé.

LA MADRE: Escucha, se me ocurre algo. Yo podría ir al campo de juego a recogerte.

BOBBY: No, eso no me parece bien.

LA MADRE: Estamos anotando todas nuestras ideas; más adelante veremos cuáles nos agradan y cuáles no. ¿Algo más?

BOBBY: (una larga pausa). Creo que podría mandar arreglar mi reloj.

LA MADRE: (escribe "Mandar arreglar el reloj"). ¿Algo más?

BOBBY: ¿Por qué siempre tenemos que cenar juntos? ¿No puedes dejarme mi cena?

LA MADRE: (anota "Dejar la cena"). Ahora los días son más largos; supongo que podríamos cenar quince minutos después.

BOBBY: ¡Sólo quince minutos!

LA MADRE: Así que te gustaría que fuera más tarde; hmm. (Escribe, cenar 15 minutos después). ¿Tienes alguna otra idea, o quieres que ahora repasemos nuestra lista para ver lo que queremos tachar y lo que queremos conservar?

BOBBY: Veamos.

LA MADRE: (Leyendo). Posibles soluciones.
Bobby llega tarde a casa; mamá no se preocupa.
Recoger a Bobby en el campo de juego.
Mandar arreglar el reloj.
Dejar la cena en el horno.
Cenar quince minutos después.

BOBBY: Tacha que irás a recogerme todos los días. Kenny en verdad se burlaría de mí si lo hicieras.

LA MADRE: De acuerdo. . . Bien, tendremos que tachar "Llegar tarde a casa, porque a decir verdad sí me preocupo. Pero veamos la siguiente idea. Supongo que podría cambiar la hora de la cena a las seis y cuarto. ¿Te ayudarían esos quince minutos?

BOBBY: No. . . bueno, quizá un poco.

LA MADRE: Y supongo que podría dejarte la cena en el horno ocasionalmente, si me avisaras con anticipación.

BOBBY: Claro, y también deja "Mandar arreglar el reloj".

LA MADRE: Bueno, el problema aquí es que es la segunda vez que descompones el reloj y creo que resiento el hecho de volver a tener qué pagar por la reparación.

BOBBY: Yo tengo algún dinero ahorrado; son casi cuatro mil pesos. ¿Bastaría con eso para que lo arreglen?

LA MADRE: No lo creo. . . pero, ciertamente, ayudaría. Supongo que papá y yo podríamos pagar el resto.

BOBBY: Seré más cuidadoso, te lo juro. Me lo quitaré cuando Kenny y yo juguemos vencidas. . . Y lo consultaré cuando estemos jugando, para saber cuándo debo irme.

LA MADRE: ¿Lo harás?. . . hmm (*y consulta la lista*). Bueno, veamos lo que hemos decidido hasta ahora. Yo cambiaré la cena a las seis y cuarto; eso te dejará quince minutos adicionales para jugar. Reuniremos el dinero y mandaremos arreglar tu reloj. Y ocasionalmente, si me avisas con anticipación, puedo guardarte la cena caliente. ¿Qué te parece todo esto?

BOBBY: ¡Muy bien!

Cuando tuvimos nuestra siguiente sesión, todos le preguntaron de inmediato a la madre de Bobby, "¿Trataste de resolver el problema?. . . ¿Qué sucedió?"

Sonriendo, respondió que lo había intentado esa misma noche y que Bobby se había sentido intrigado con la idea. "Resultó casi divertido", declaró. "Toda nuestra discusión se redujo a que odiaba usar reloj, pero que si la familia podía cenar quince minutos después, estaría atento para escuchar el silbato de las seis de la tarde de la estación de bomberos y que ésa sería la señal para que se fuera a casa."

"Y hasta ahora", añadió, "¡ha cumplido su palabra!"

¿No parece demasiado difícil, verdad? Pero lo es. Y la parte más difícil no es el aprendizaje de los pasos individuales; eso se logra con un poco de estudio. Lo más difícil es cuando tenemos que cambiar de actitud. Tenemos que dejar de pensar en el niño como en un "problema" que requiere corrección. Tenemos que renunciar a la idea de que porque somos adultos siempre tenemos la respuesta correcta. Debemos dejar de preocuparnos pensando que si no somos "lo bastante firmes", el niño se aprovechará de nosotros.

Se requiere un gran acto de fe para creer que si nos tomamos el tiempo para sentarnos a compartir nuestros verdaderos sentimientos con una personita y escuchamos sus sentimientos, encontraremos soluciones adecuadas para ambos.

En este planteamiento hay inherente un importante mensaje que nos dice, "Cuando hay un conflicto entre nosotros, ya no tenemos que movilizar nuestras fuerzas el uno contra el otro y preocuparnos por quién saldrá victorioso y quién resultará derrotado. En vez de ello, podemos dedicar nuestra energía a la búsqueda de la clase de soluciones que respeten las necesidades de ambos como individuos". Les estamos enseñando a nuestros hijos que no tienen por qué ser nuestras víctimas ni nuestros enemigos. Les estamos brindando las herramientas que les permitirán ser participantes activos en la resolución de los problemas a los que se enfrentan. . . ahora, mientras todavía están en casa y en el difícil y complejo mundo que los aguarda.

TAREA

I. La próxima semana, use una alternativa para el castigo. ¿Qué alternativa usó? ¿Cuál fue la reacción de su hijo?

_____

_____

_____

_____

_____

_____

_____

II. Piense en un problema que se presente con regularidad en su hogar y que podría mitigarse mediante el enfoque de la resolución del problema. Encuentre un momento que sea conveniente para ambos, un lugar en donde nadie los interrumpa y resuelva el problema con su hijo.

III. Lea la Segunda Parte de Alternativas para el castigo, Advertencias, Preguntas e Historias de los padres.

Un rápido recordatorio. . .

En vez de un castigo

1. EXPRESE SUS SENTIMIENTOS CON ENERGÍA – SIN ATACAR EL CA-RÁCTER DEL NIÑO.

   "¡Estoy furioso porque dejaste mi sierra nueva afuera y se oxidó con la lluvia!"

2. MANIFIESTE LO QUE ESPERA.

   "Espero que me devuelvas mis herramientas después de que las tomes prestadas."

3. ENSÉÑELE AL NIÑO A CUMPLIR CON SATISFACCIÓN.

   "Lo que ahora necesita esta sierra es una estopa de ace-ro y una buena dosis de trabajo."

4. OFRÉZCALE UNA ELECCIÓN AL NIÑO.

   "Puedes tomar prestadas mis herrramientas y devolvér-melas, o bien puedes renunciar al privilegio de usarlas. Tú decides."

5. EMPRENDA ALGUNA ACCIÓN.

   El niño: ¿Por qué está cerrada con llave la caja de herra-mientas?
   El padre: Dímelo tú.

6. RESUELVA EL PROBLEMA.

   "¿Qué podríamos idear de manera que tú puedas usar mis herramientas cuando las necesites y yo esté seguro de que están allí cuando las necesite?"

SEGUNDA PARTE: COMENTARIOS, PREGUNTAS E HISTORIAS DE LOS PADRES

Preguntas acerca del castigo

1. Si un niño pequeño que todavía no habla toca algo que no debería tocar, ¿está bien darle un manazo?

Sólo porque el niño no habla no quiere decir que no pueda escuchar o comprender. Los niños pequeños están aprendiendo cada minuto de cada día. La pregunta es, *¿qué* es lo que están aprendiendo? Aquí la madre tiene una elección. Puede darle repetidos manazos al pequeño, enseñándole así que la única forma de que aprenda que lo que no debe tocar es con un manazo. O bien puede tratar al niño como un ser humano con dignidad, brindándole una información que puede usar ahora y durante el resto de su vida. Al retirar de allí al niño (o al objeto), puede indicarle con toda firmeza y claridad:

- "Los cuchillos no son para lamerlos; si quieres, puedes lamer esta cuchara."
- "Este perro de porcelana se puede romper; tu perro de peluche no se rompe."

Quizá necesite repetir muchas veces la misma información, pero la información repetida transmite un mensaje muy diferente del de los repetidos manazos.

2. ¿Cuál es la diferencia entre el castigo y las consecuencias naturales? ¿No son sólo diferentes palabras para la misma cosa?

Consideramos que el castigo es cuando el padre deliberadamente priva al niño de algo durante cierto periodo de tiempo, o cuando le inflige algún dolor, con objeto de enseñarle una lección. Las consecuencias, por otra parte, surgen como el resultado natural de la conducta del niño. Uno de los padres de uno de nuestros grupos en una ocasión compartió una experiencia que para nosotras resume la diferencia entre castigo y consecuencias. He aquí esa experiencia, en sus propias palabras:

Mi hijo adolescente me pidió prestado mi suéter azul marino porque dijo que se veía "fantástico" con sus nuevos pantalones de mezclilla. Le respondí, "De acuerdo, pero cuídalo" y después me olvidé del asunto. Una semana más tarde quise ponérmelo y lo encontré debajo de un montón de discos en el piso de su recámara. Tenía la espalda cubierta de gis y todo el frente manchado de algo que parecía salsa de espagueti.

Me sentí tan enojado, porque ésta no era la primera vez, que juro que si hubiese llegado en ese momento, le habría dicho que se olvidara de ir conmigo el domingo al partido de béisbol. Le regalaría su boleto a otra persona.

Sea como sea, cuando lo vi ya me había calmado un poco, pero aun así le eché una buena reprimenda. Me respondió que lo lamentaba y todo eso, pero le importó un bledo y una semana después volvió a pedírmelo. Le respondí, "De ninguna manera". Nada de sermones ni de discursos; él sabía por qué.

Un mes después de eso, me pidió prestada mi camisa a cuadros para un día de campo organizado por la escuela. Le dije, "Escucha, antes de volver a prestarte nada, necesito cierta seguridad, por escrito, de que me devolverás mi camisa en las mismas condiciones en que se encontraba cuando te la presté". Esa noche encontré una nota sobre mi correspondencia. Decía:

Querido papá,
Si me permites usar tu camisa, haré todo lo posible para conservarla limpia.
No me apoyaré en el pizarrón y no guardaré mi pluma en el bolsillo. Y cuando coma, me cubriré de servilletas de papel.

Te quiere,
Mark

Pues bien, me quedé muy impresionado con esa nota. Pensé que si se había tomado la molestia de escribirla, probablemente también se tomaría la molestia de hacer lo que decía.

P.D. Me devolvió la camisa la noche siguiente, colgada en un gancho ¡y estaba limpia!

Para nosotras esa historia demostró lo que son las consecuencias naturales en acción. Una de las consecuencias naturales de devolver una propiedad prestada en malas condiciones es el descontento del propietario; otra consecuencia natural es la renuncia de este último cuando se trata de volver a prestar cualquier cosa. También es posible que el propietario pueda cambiar de opinión si obtiene alguna evidencia concreta de que esto no volverá a suceder. Pero obviamente, la responsabilidad de cambiar es de quien pide prestado; el propietario no tiene que hacer nada para enseñarle una lección. Resulta mucho más fácil aprender de las duras realidades de las verdaderas reacciones de la gente, que de una persona que decide castigar a alguien "por su propio bien".

3. **La semana pasada encontré un montón de cáscaras y semillas de naranja en el sofá. Cuando les pregunté a mis hijos, "¿quién lo hizo?", ambos se señalaron el uno al otro. Si no es una buena idea averiguar cuál de los niños es el culpable y después castigarlo, ¿qué puedo hacer?**

La pregunta "¿Quién lo hizo?", por lo común, conduce a un automático "Yo no fui", que a su vez conduce al comentario de "Pues bien, uno de los dos debe estar mintiendo". Mientras más tratamos de llegar a la verdad, con más fuerza protestan los niños de su inocencia. Cuando vemos algo que nos encoleriza, es más útil manifestar cólera que tratar de encontrar al culpable y castigarlo:

- "¡Me enfurezco cuando veo algo de comida sobre el sofá! Las cáscaras de naranja pueden dejar una mancha permanente."
- En ese punto puede escuchar un coro de, "Pero yo no lo hice". . . "Él me obligó a hacerlo". . . "El perro lo hizo". . . "Fue el bebé."

Ésta es su oportunidad para hacerles saber a todos:

"No me interesa saber quién lo hizo. No me interesa culpar a nadie por lo que sucedió en el pasado. ¡Lo que sí me interesa es ver alguna mejora en el futuro!"

Al no culpar ni castigar, dejamos a los niños en libertad para que se concentren en asumir la responsabilidad, en vez de que se concentren en la forma de vengarse.

- "Ahora quisiera que los dos ayudaran a quitar del sofá todas esas cáscaras y semillas."

4. **Dicen que la única alternativa para el castigo es expresar desaprobación. Cuando lo hago, mi hijo parece tan culpable y se muestra tan triste durante el resto del día, que eso me altera. ¿Es posible que esté exagerando?**

Podemos comprender su preocupación. La doctora Selma Fraiberg, en su libro *The Magic Years* (Los años mágicos), comenta, "Un niño necesita sentir nuestra desaprobación en ciertos momentos, pero si nuestra reacción tiene tal fuerza que el niño se siente inútil y despreciado por su ofensa, hemos abusado de nuestro poder como padres y hemos creado la posibilidad de que los exagerados sentimientos de culpa y el odio hacia sí mismo desempeñen una parte importante en el desarrollo de la personalidad de ese niño".

Esa es la razón por la cual creemos que siempre que sea posible, junto con nuestra desaprobación, también debemos indicar el camino para ayudar a un niño a enmendarse. Después de su remordimiento inicial, el niño necesita una oportunidad para restaurar sus sentimientos positivos acerca de sí mismo y para considerarse una vez más como un miembro respetado y responsable de la familia. He aquí algunos ejemplos:

- "¡Estoy furiosa! La bebita estaba jugando feliz hasta que tú le quitaste su sonaja. ¡Espero que ahora encuentres alguna forma de ponerle fin a su llanto!"

   (En vez de, "Has vuelto a hacer llorar a la bebita; ahora tendré que pegarte".)
- "En verdad me altera llegar a casa y encontrarme el fregadero lleno de trastes sucios, después de que me diste tu palabra de que los lavarías. ¡Quiero verlos lavados y guardados antes de que te vayas a dormir!"

   (En vez de, "Puedes olvidarte de salir mañana por la noche. Tal vez eso te enseñará a cumplir tu palabra".)
- " Vaciaron en el piso del baño toda una caja de jabón en

polvo! Me siento tan enojada al ver todo ese desorden. ¡El jabón en polvo no es para jugar! Quiero que lo recojan todo y lo guarden en una bolsa de papel limpia.''

(En vez de, ''Vean todo el trabajo que me han ocasionado. ¡Esta noche no podrán ver la televisión!'')

Comentarios como los que anteceden le dicen al niño, ''No me agrada lo que hiciste y espero que te encargues de remediarlo''. Esperamos que más adelante en la vida, como adulto, cuando haga algo de lo cual se arrepienta, podrá pensar para sí mismo, ''¿Qué puedo hacer para enmendarme para que las cosas vuelvan a estar bien?'', en vez de ''Lo que acabo de hacer sólo demuestra que soy una persona que no vale nada y merece ser castigada''.

5. Ya no he vuelto a castigar a mi hijo, pero ahora, cuando lo reprendo por hacer algo mal, me responde, ''Lo siento''. Y al día siguiente vuelve a hacer lo mismo. ¿Qué puedo hacer para remediarlo?

Algunos niños acostumbran decir ''Lo siento'' como una forma de calmar a un padre encolerizado. Son muy rápidos para disculparse e igual de rápidos para repetir su mal comportamiento. Para esos pequeños es importante que se den cuenta de que si en verdad se arrepienten, sus sentimientos de remordimiento deben traducirse en acción. Al ''ofensor reiterado'' se le puede hacer cualquiera de los siguientes comentarios:

- ''Decir lo siento significa comportarse de una manera diferente.''
- ''Decir lo siento significa hacer ciertos cambios.''
- ''Me alegro de oírte decir que lo sientes, es el primer paso. El segundo paso será preguntarte a ti mismo qué puedes hacer para remediar la situación.''

Los expertos hablan sobre el castigo

De vez en cuando aparece un artículo cantando las alabanzas del castigo y diciéndonos cómo debemos aplicarlo. (''Explique el castigo con anticipación''. . . "Castigue tan pronto como sea posible". . . "Haga que el castigo sea adecuado al crimen"). A menudo, para los padres encolerizados y molestos, esta clase de consejos parece tener sentido. Las siguientes son algunas citas de diversos profesionales en el terreno de la salud mental, que tienen otro punto de vista acerca del castigo.

El castigo es un método de disciplina de lo más ineficaz. . . ya que, por extraño que parezca, ¡el castigo tiene el efecto de enseñarle al niño a comportarse exactamente en la forma opuesta a como los padres desearían que se comportara! Muchos padres emplean el castigo simplemente porque nadie les ha enseñado mejores formas de disciplinar a sus hijos.

(How to Father, doctor Fitzhugh Dodson, Signet, 1974).

El acto de disciplinar a un niño puede ser de lo más frustrante. Sin embargo, desde un principio es necesario hacer hincapié en que disciplina significa *educación*. La disciplina es una guía esencialmente programada que ayuda a las personas a desarrollar el control interno de sí mismas, a autodirigirse y a ser eficientes. Si se quiere que dé resultado, la disciplina requiere respeto y confianza mutuos. Por otra parte, el castigo requiere control externo sobre una persona por medio de la fuerza y la coerción. Los agentes del castigo muy rara vez respetan o confían en la persona castigada.

"El caso contra las nalgadas", Brian G. Gilmartin, Doctor en Filosofía, en *Human Behavior*, febrero de 1979, Tomo 8, Número 2).

Basándonos en un análisis de la literatura, podemos concluir que el castigo físico impartido por los padres no inhibe la violencia y con toda probabilidad la fomenta. El castigo frustra al niño y a la vez le ofrece un modelo para imitarlo y del cual puede aprender.

Violence and the Struggle for Existence (La violencia y la lucha por la existencia), un trabajo del Comité sobre la Violencia del Departamento de Psiquiatría, Escuela de Medicina de la Universidad de Stanford, editado por el doctor David N. Daniels, el doctor Marshall F. Gilula y el doctor Frank M. Ochberg, Little, Brown & Company, 1970.

Los padres confusos y perplejos esperan, erroneamente, que el castigo *en algún momento* dará resultado, sin darse cuenta de que en realidad no están llegando a ninguna parte con sus métodos. . .

El empleo del castigo sólo ayuda al niño a desarrollar un mayor poder de resistencia y de desafío.

(*Children: The Challenge* [Los niños: el desafío], doctor Rudolf Dreikurs, Hawthorn, 1964).

Hay un buen número de otras posibilidades de enseñanza que proporcionan los golpes, ninguna de las cuales tienen en mente los padres. El niño puede aprender la forma de evitar, con éxito, cualquier sentimiento de culpa generado por su mal comportamiento, estableciendo un ciclo en el cual el castigo anula el "crimen" y el niño, una vez que ha pagado por su travesura, está en libertad de repetir el mismo acto en otro momento, sin los sentimientos de culpa concomitantes.

El niño que hace todo lo posible para provocar unas nalgadas, es un niño que lleva a cuestas una deuda secreta en la columna de "pecados" del libro mayor y que invita a sus padres a cancelarla mediante unos azotes. ¡Y unos azotes son justamente lo que el niño *no* necesita!

(*The Magic Years*, Selma H. Fraiberg, Scribners, 1959).

Los investigadores creen que uno de cada cinco padres han sufrido. . . un abuso en manos de sus hijos, quizás una expresión de la confusión del adolescente que puede desbordarse: objetos lanzados contra su cabeza, empujones, furiosos ataques verbales. . . hay una "absoluta evidencia" de que el abuso físico de los padres en realidad se aprende sobre las piernas del padre.

(*Newsday*, 15 de agosto de 1978).

En vez de castigar

(Experiencias compartidas por los padres en nuestros grupos)

Marnie, mi hija de cuatro años, siempre ha sido una niña de lo más difícil; me hace encolerizar a tal grado que no puedo controlarme. La semana pasada llegué a casa para encontrarme con que había llenado de garabatos el papel tapiz de su recámara con un crayón. Estaba tan enfurecida que le di unos buenos azotes; después le dije que le quitaría sus crayones, y lo hice.

A la mañana siguiente desperté y sentí que me moría. Había tomado mi lápiz labial, emborronando con él todos los azulejos del baño. Tenía ganas de estrangularla, traté de controlarme. Con toda calma le pregunté, 'Marnie, ¿hiciste esto porque estabas enojada conmigo por quitarte tus crayones?''

Asintió con un movimiento de cabeza.

Entonces le comenté, "Marnie, me siento mucho, muy alterada cuando borroneas en las paredes. Para mí significa mucho trabajo lavarlas y volver a dejarlas limpias".

¿Saben lo que hizo? Tomó un trapo para lavar y empezó a tratar de quitar el lápiz labial. Le enseñé cómo usar el agua y el jabón y se dedicó a trabajar en los azulejos durante unos diez minutos; después me llamó para enseñarme que ya había desaparecido casi todo el lápiz labial de las paredes. Le di las gracias y después le devolví sus crayones y le di una hojas de papel para que las guardara en su recámara y las usara siempre que quisiera dibujar.

Me sentí tan orgullosa de mí misma que llamé a mi esposo al trabajo para comentarle lo que acababa de hacer.

Ha transcurrido más de un mes y desde entonces Marnie no ha vuelto a escribir en las paredes.

* * *

La semana pasada, después de nuestra última sesión, tan pronto como crucé la puerta de la casa recibí una llamada telefónica de la profesora de matemáticas de Donny. Parecía muy enojada. Me comentó que mi hijo se estaba atrasando en su trabajo, que era una mala influencia en el salón de clases y que todavía no se sabía las tablas de multiplicar y que quizá lo que necesitaba era más "disciplina" en casa. Le di las gracias por llamar, pero en mi interior estaba temblando. Mi primer pensamiento fue, "Debería recibir un castigo. No podrá ver televisión hasta que no se aprenda esas tablas de multiplicar y empiece a comportarse bien en clase".

Afortunadamente, tuve una hora para calmarme antes de que él regresara a casa de la escuela. Cuando Donny llegó a casa, sostuvimos la siguiente conversación:

YO: La señora K. llamó hoy por teléfono y parecía muy molesta.

DONNY: Oh, siempre está molesta por algo.

YO: Considero que se trata de un asunto muy serio cuando recibo una llamada de la escuela. Me informó que tienes un mal comportamiento en el salón y que no te sabes las tablas de multiplicar.

DONNY:	Bueno, es que Mitchell todo el tiempo me está pegando en la cabeza con su cuaderno; así que yo también le pego con el mío.
YO:	¿Crees que tienes que desquitarte?
DONNY:	¿Qué es desquitarse?
YO:	Devolverle el golpe.
DONNY:	Así es. Y a veces me escribe una nota y me vuelve loco, pues empieza a patear mi silla hasta que le contesto.
YO:	No me sorprende que no puedas trabajar.
DONNY:	Me sé las tablas hasta la del seis; las únicas que no me sé son las del siete y el ocho.
YO:	Hmm. . . Donny, ¿crees que te ayudaría a concentrarte en la clase si tú y Mitchell no estuvieran sentados uno cerca del otro?
DONNY:	No lo sé. . . tal vez. . . si estudiara, podría aprenderme las tablas del siete y el ocho.
YO:	Creo que la señora K. debería saber eso. Supongamos que le escribimos una carta. ¿Te parece bien? (*Donny asintió*). Saqué mi lápiz y escribí:
	"Estimada señora K.,
	Discutí con Donny nuestra conversación telefónica y me comentó". . . Donny, ¿qué le digo?
DONNY:	Dile que me cambie de lugar, lejos de Mitchell.
YO:	(*escribiendo*). "Dice que le gustaría que lo cambiara de lugar para que no esté cerca de Mitchell". ¿Está bien?
DONNY:	Sí.
YO:	¿Algo más?
DONNY:	(*una larga pausa*). Dile que escribiré mis tablas del siete y el ocho y las repetiré en voz alta.
YO:	(*escribo y después le leo lo que escribí*). "También piensa escribir sus tablas del siete y el ocho y memorizarlas". ¿Algo más?
DONNY:	No.
YO:	Terminaré diciendo, "Gracias por enterarnos de este problema".

Volví a leerle la carta a Donny y *ambos* la firmamos y al día siguiente la llevó a la escuela. Sé que algo debió cambiar, porque al llegar a casa lo primero que me comentó fue que la señora K. lo había cambiado de lugar y añadió, "hoy fue muy amable conmigo".

* * *

La siguiente historia fue narrada por una madre que durante nuestras primeras sesiones había permanecido sentada con un gesto sombrío, moviendo la cabeza. Durante la cuarta sesión pidió la palabra para contarnos lo siguiente:

No creía que nada de lo que aquí se decía pudiera aplicarse a mi hijo. Van es tan obstinado, tan incontrolable, que lo único que entiende es el castigo. La semana pasada casi me desmayé cuando mi vecina me comentó que lo había visto cruzando una calle de mucho tráfico que le habíamos prohibido estrictamente cruzar. Ya no sabía qué hacer; ya le había quitado su bicicleta, la televisión y el dinero de su semana. . . ¿qué más podía hacer? Desesperada, decidí intentar algunas de las cosas que se han estado discutiendo en el grupo. Cuando llegó a casa le comenté, "Van, tenemos un problema. Creo que sé cómo te sientes; quieres cruzar al otro lado de la calle cuando lo desees, sin tener que pedirle a alguien que te ayude, ¿verdad?" Asintió con un movimiento de cabeza. "Pues te diré lo que yo siento. Me preocupo porque un niño de seis años cruce una calle tan peligrosa, en donde han ocurrido tantos accidentes.

"Cuando hay un problema, necesitamos una solución. Piensa en ello y a la hora de la cena dime cuáles son tus ideas."

Van empezó a hablar de inmediato, pero le pedí, "Ahora no. Es un problema muy serio y me gustaría que los dos meditáramos muy bien en él. Hablaremos a la hora de la cena, cuando papá esté aquí".

Esa noche preparé a mi esposo con anticipación, para que "sólo escuchara". Van se lavó las manos y rápidamente fue a sentarse a la mesa. Tan pronto como entró su padre comentó muy excitado, "¡Ya tengo una solución! Todas las noches, cuando papá llegue a casa, iremos a la esquina y allí me enseñará a ver las luces para saber cuándo debo cruzar". Después hizo una pausa y añadió, "Y cuando cumpla siete años, podré cruzar yo solo".

Mi esposo casi se cayó de la silla. Creo que ambos hemos estado subestimando a nuestro hijo.

* * *

Nicky, de diez años, informó en un tono despreocupado (mientras yo me apresuraba a preparar la cena para salir), que no encontraba tres de sus libros de texto y que yo tenía que enviar nueve dólares. Eso me hizo explotar. Mi primer impulso fue pegarle o castigarlo, pero aun cuando estaba al borde de encolerizarme, de alguna manera logré controlarme y empezar mis frases con la palabra "Yo". Creo que estaba gritando tan alto como es humanamente posible.

"¡Yo estoy furiosa! ¡Estoy encolerizada! ¡Has perdido tres libros y ahora *yo* tengo que pagar nueve dólares! ¡Estoy tan encolerizada que me siento a punto de explotar! Y enterarme de esto cuando estoy preparando la cena a toda prisa porque voy a salir ¡y ahora tengo que interrumpir lo que estoy haciendo y tomarme el tiempo para pedir por teléfono los problemas y escribirlos para que hagas tu tarea! *"¡ESTOY A PUNTO DE ESTALLAR!"*

Cuando dejé de gritar, apareció en la puerta un pequeño rostro preocupado y Nicky declaró, "Mamá, lo siento. Tú no tienes que poner los nueve dólares; yo los pondré del dinero de mi semana".

Creo que en mi rostro, apareció la mayor sonrisa de satisfacción que jamás había sonreído. Y por supuesto *nunca* había dejado de estar enojada en una forma tan rápida y tan completa. ¡Qué son unos cuantos libros perdidos para una persona que tiene un hijo que en verdad *se preocupa* por los sentimientos de su madre!

TERCERA PARTE: MÁS ACERCA DE LA RESOLUCIÓN DE PROBLEMAS

Antes de la resolución de problemas

Hemos descubierto que para que dé resultado la resolución de problemas debemos, como dirían los niños, "sintonizarnos". Debemos decirnos a nosotros mismos:

- "Voy a demostrarle a mi hijo que lo acepto y a sintonizarme con él hasta donde sea posible. Voy a escuchar la información y los sentimientos que tal vez nunca antes he escuchado."

- "Trataré de evitar los juicios, las evaluaciones y los sermones. No trataré de persuadirlo ni de convencerlo."
- "Tomaré en consideración cualquier idea nueva, sin importar lo avanzada que sea."
- "No me dejaré presionar por el tiempo. Si no podemos encontrar una solución inmediata, quizá eso signifique que debemos meditar más, investigar más y charlar más."

La palabra clave es *respeto*, hacia mi hijo, hacia mí mismo y hacia las ilimitadas posibilidades de lo que puede suceder cuando dos personas de buena voluntad intercambian ideas.

Advertencias acerca de cada uno de los pasos del proceso de la resolución de problemas

Antes de empezar, pregúntese a sí mismo, "¿Todavía estoy desbordante de emoción, o en este momento estoy lo bastante tranquilo para iniciar este proceso?" (No puede resolver ningún problema cuando está muy excitado.) Después indague cuál es el estado de ánimo de su hija. "¿Es ahora un buen momento para que *tú* hables? Si responde "sí", entonces:

1. *Hable acerca de los sentimientos de la niña.* ("Me imagino que debes sentirte. . .").

   No apresure esta parte. Deje que su actitud sea una de "En verdad estoy tratando de aclarar cómo *te* sientes acerca de esto". Sólo cuando la niña se siente escuchada y comprendida podrá considerar los sentimientos de usted.

2. *Hable de sus propios sentimientos.* ("He aquí cómo me siento acerca de esto).

   Haga que esta parte sea breve y clara. A un niño le resulta difícil escuchar a un padre que no deja de hablar de su preocupación, su cólera o su resentimiento.

3. *Invite a la niña a esforzarse por encontrar una solución mutuamente aceptable.*

De ser posible, deje que la niña ofrezca las primeras ideas. Aquí el punto decisivo es abstenerse de evaluar o de comentar cualquiera de esas ideas. En el instante mismo en que usted dice, "Bueno, eso no me parece bien", termina todo el proceso y usted habrá anulado toda su labor. Cualquier idea debe ser bien recibida; con frecuencia las más improbables pueden conducir a algunas excelentes soluciones factibles. La frase clave es "Estamos anotando todas nuestras ideas". No es esencial escribir, pero de alguna manera el hecho de anotar cada idea le ofrece una gran dignidad a cada contribución. (Alguien escuchó a una niña que comentó "Mi madre es muy inteligente, escribe todas mis ideas").

4. *Decida cuáles ideas le agradan, cuáles no le agradan y cuáles quiere poner en práctica.*

Cuídese de los comentarios "humillantes" ("Esa idea me parece muy tonta"). En vez de ello, describa sus reacciones personales:
   "No me sentiría cómodo con eso porque. . ." o bien
   "Eso me parece que es algo que yo podría hacer".

5. *Continúe con la acción.*

Aquí el peligro radica en dejarse llevar a tal grado por sus sentimientos positivos al haber encontrado una solución factible, que no se molesta en preparar un plan específico para tomar acción. Es importante que añada,

- "¿Qué pasos deberemos seguir para poner en práctica este plan?"
- "¿Quién será responsable de qué?"
- "¿Para cuándo lo habremos terminado?"

6. *No permita que la niña lo acuse o lo culpe en ningún momento.*

LA NIÑA: Sí, pero eso no daría resultado porque tú siempre. . . Tú nunca. . .

139

Es importante que el padre sea firme cuando esto suceda.

EL PADRE: Nada de acusaciones ni de hablar del pasado. ¡Lo que estamos haciendo ahora es concentrarnos en una solución para el futuro!

Preguntas acerca de la resolución de problemas

1. **Supongamos que el plan en el cual han convenido ambos da resultado durante algún tiempo y después falla por completo. ¿Qué hacer entonces?**

Esas son las ocasiones que ponen a prueba nuestra determinación. Podemos volver a los sermones y los castigos, o bien podemos volver a trazar los planes. Por ejemplo:

EL PADRE: Estoy decepcionado porque nuestro enfoque ya no está dando resultado. He descubierto que yo estoy haciendo tu trabajo y eso me resulta inaceptable. ¿Quieres que le demos otra oportunidad al antiguo plan?. . . ¿O quieres que hablemos acerca de lo que se está interponiendo en el camino?. . . ¿O tratamos de buscar otra solución?

Como adultos, nos damos cuenta de que muy pocas soluciones son permanentes. Lo que dio resultado para el niño cuando tenía cuatro años quizá ya no funcione ahora que tiene cinco; lo que dio resultado en el invierno tal vez ya no resulte en la primavera. La vida es un proceso continuo de ajustes y reajustes. Lo que es importante para el niño es que siga considerándose como parte de la solución, en vez de como parte del problema.

2. **¿Siempre debo seguir todos los pasos para resolver el problema?**

No, un problema puede resolverse en cualquiera de los pasos a lo largo del camino. A veces una simple descripción de sus necesidades en conflicto puede llevar a una rápida solución. Por ejemplo:

LA MADRE: Aquí tenemos un verdadero problema. Tú quieres que te lleve ahora a comprar tus zapatos de gimnasia. Yo quiero terminar de separar la ropa que se va a lavar y después debo empezar a preparar la cena.

LA NIÑA: Quizá yo podría terminar con la ropa mientras tú te arreglas para salir y después, cuando regresemos a casa, te ayudaré a preparar la cena.

LA MADRE: Creo que eso daría resultado.

3. Supongamos que seguimos todos los pasos y aun así no encontramos una solución en la que ambos podamos convenir. ¿Qué hacer entonces?

Eso puede suceder, pero nada se ha perdido. Al discutir el problema, cada uno de ustedes se vuelve más sensible a las necesidades del otro. En una situación difícil, a menudo esto es lo mejor que se puede esperar. Y a veces sólo es cuestión de necesitar más tiempo para pensar, para "dejar que se cuezan los frijoles" antes de llegar a una solución.

4. Supongamos que un niño se rehúsa a sentarse y a tratar de resolver el problema con usted. ¿Qué hacer entonces?

Hay algunos niños que se sienten incómodos con este enfoque. Para esos pequeños, una nota, basada en el mismo principio, puede ser un sustituto muy efectivo.

Querido Johnny,

Me gustaría saber cuáles son tus ideas para resolver el problema de... Probablemente tú (quieres, necesitas, sientes...).

Yo (quiero, necesito, siento...).

Por favor, hazme saber si puedes encontrar algunas soluciones en las cuales los dos estemos de acuerdo.

Te quiere,
Papá.

141

5. ¿No es este un enfoque que funciona mejor con los niños mayores?

Los padres de niños pequeños han comentado que han tenido mucho éxito con este enfoque. En las siguientes páginas encontrarán algunas historias en las cuales los padres usaron sus habilidades en la resolución de problemas con niños de diversas edades.

La resolución de problemas en acción

Situación: Me acababan de devolver la cuna que le había prestado a una amiga y la instalé en la recámara. Brian, de dos años, la examina y está fascinado por la cesta que se balancea.

BRIAN: Mami, yo subo a la cuna.

MAMÁ: Querido, ya eres demasiado grande para esa cuna.

BRIAN: Sí, yo subo a la cuna (*y empieza a tratar de subirse*).

MAMÁ: (impidiéndoselo). Brian, mami te dijo que ya eres demasiado grande. La cuna podría romperse si te acuesto en ella.

BRIAN: ¡*Por favor*, mami! Quiero subir a la cuna. . . ¡*AHORA*! (*y empieza a llorar*).

MAMÁ: Ya te lo dije que ¡¡No!! (Un paso en falso de parte de mamá. Me di cuenta de ello tan pronto como el llanto de Brian empezó a convertirse en una pequeña rabieta. Decidí intentar con él la resolución del problema.)

MAMÁ: Querido, comprendo que quieres acostarte en la cuna en este momento. Quizá te parece muy divertido mecerte en ella; a mí también me gustaría hacerlo. El problema es que no quepo en ella y tú tampoco. Somos demasiado grandes.

BRIAN: Mami es muy grande. . . como Briney (Brian sale de la recámara y regresa con Goover, su oso de peluche y lo instala en la cuna. Empieza a mecerlo).

BRIAN: ¿Ves, mami? Briney mece a Goover, ¿está bien?

MAMÁ: (¡Qué alivio!) Goover tiene el tamaño adecuado.

• • •

Después de grandes frustraciones con todo el proceso de entrenar a mi hijo para ir al baño, decidí intentar con él la técnica de la resolución del problema cuando tenía tres años. Nos sentamos juntos frente a la mesa y le dije, "David, he estado pensando en lo difícil que es para un niño tan pequeño como tú aprender a usar el baño. Apuesto que a veces estás tan ocupado jugando que ni siquiera te das cuentas de que tienes que 'ir'".

Se me quedó mirando con unos ojos muy grandes, pero no respondió nada. Entonces añadí, "Te apuesto que a veces, incluso cuando te das cuenta, te resulta difícil llegar a tiempo al baño y subirte a ese inodoro".

Asintió con un movimiento de cabeza, "Sí".

Entonces le pedí que me llevara una hoja de papel y un crayón para que pudiéramos anotar todas las ideas que nos vinieran a la mente y que podrían ayudar. Corrió a su recámara y regresó con una hoja de papel amarillo y un crayón rojo. Me senté a su lado y empezamos a escribir.

Empecé anotando dos ideas.

Comprar un banquito como el que Jimmy tiene en su baño.

Mamá le preguntará a David si necesita "ir".

Entonces David empezó a hablar. "Bárbara y Peter me ayudarán". (Peter es su amigo, que ya sabe ir al baño y Bárbara es su madre).

Después añadió, "Peter usa 'pantalones de niño grande' ".

Escribí, "Comprarle a David unos pantalones para niño grande".

Al siguiente día salí a comprarle un banquito y un montón de pantalones de entrenamiento. David se sintió fascinado con mis compras y se las mostró a Peter y a Bárbara, quienes le aseguraron que aprendería.

Volvimos a hablar de reconocer cuándo debería "ir"... la presión en su estómago... y de la necesidad de ir al baño y quitarse los pantalones a tiempo.

Sabía que yo comprendía las dificultades involucradas.

Ya han pasado casi tres meses y casi está completamente entrenado. ¡Y se siente tan orgulloso de sí mismo!

* * *

Esperaba con impaciencia la próxima sesión; tenía algo maravilloso que quería compartir con el grupo. ¡Al fin me había liberado! Y también lo había hecho Rachel, mi hija de tres años y medio. Todo empezó el martes por la mañana cuando sonó el teléfono.

"Susie, ¿podrías cuidar esta tarde a Danielle?"

"Por supuesto", respondí.

Después de colgar, recordé que debía ir de compras y que ahora tendría que llevar conmigo a *dos* niñas. Ahora bien. . . Rachel había estado asistiendo a un grupo preescolar de 45 minutos al aire libre por las mañanas. Sin embargo, sólo aceptaba ir si yo quedaba afuera sentada en una banca, al alcance de su vista. Las demás madres dejaban a sus hijos y se iban, pero ¡yo me quedaba!

Le comenté a Rachel, "Hoy tengo que ir de compras mientras tú vas al jardín de niños. Danielle estará con nosotras esta tarde y no tendré tiempo para ir de compras".

Lágrimas de Rachel. He ahí mi oportunidad de usar mis habilidades para resolver el problema. Le dije a Rachel, "Tenemos un problema. ¿Cómo podemos resolverlo? Vamos a anotar todo esto".

Los ojos de Rachel se iluminaron de alegría mientras yo escribía:

Problema: Mamá tiene que ir a comprar leche; no tiene tiempo de hacerlo después del jardín de niños, de manera que deberá hacerlo a esa hora.

Sugerencias para resolver el problema:

(Mía):	1. Ir durante el tiempo en la escuela y volver pronto.
(De Rachel):	2. No comprar leche.
(De Rachel):	3. Ir después de la escuela.
(Mía):	4. Mientras mamá va de compras, Rachel podría cantar, dibujar y jugar.
(Mía):	5. Rachel se quedará en el jardín de niños mientras mamá va de compras.
(De Rachel):	6. Mamá sólo comprará una cosa y regresará pronto.
(De Rachel):	7. Mañana, iremos juntas a comprar chicles.
(De Rachel):	8. Si Rachel quiere llorar, llorará.

Leímos la lista y le expliqué que si yo no compraba la leche Rachel y papá se sentirían decepcionados, de manera que tachamos eso de la lista. Volví a explicarle que no tendría tiempo de ir después de la escuela. . . de manera que también tachamos eso. Rachel parecía satisfecha.

Nos fuimos caminando al jardín de niños y Rachel se despidió de mí con un abrazo y un beso. Me recordó que sólo debería ir a una tienda y después fue a sentarse en el círculo con los demás niños.

Me apresuré a ir a la tienda y regresé a tiempo de ver a Rachel felizmente absorta en un juego con sus amigos. A la salida de la escuela, me saludó preguntando, "¿Fuiste?"

"Por supuesto. Debes sentirte orgullosa. . . te quedaste tú sola". Rachel asintió.

Miércoles por la mañana.

RACHEL   *(se veía tensa)*. ¿Hoy es día de ir al jardín de niños?
YO: (esperando la pregunta, "¿*Te quedarás?*") Sí.
RACHEL: Oh, mami. . . bueno, si quiero llorar, lloraré. ¡Y si no quiero llorar, no lo haré!
YO: Vamos a escribir eso.

Lo hice y ella añadió que se sentaría al lado de una amiga. Después declaró, "Mami, cuando regreses, hazlo pronto, tan pronto que te caerás. ¡Corre!"

La llevé al jardín de niños; me dio un abrazo y un beso y me recordó que corriera.

Regresé 45 minutos después.

YO: ¡Te quedaste tú sola!
RACHEL: ¡Sí, estoy muy orgullosa!

Viernes por la mañana:

RACHEL: Mamá, ¿hay jardín de niños hoy?
YO: Así es.
RACHEL: Pues bien, escribe esto: me sentaré al lado de una amiga.

Problema resuelto. Rachel va al jardín de niños, ¡mamá va de compras! Ahora que medito en ello, comprendo que se necesitó un gran esfuerzo para disciplinarme a mí misma y dedicar el tiempo necesario a sentarme con Rachel y discutir nuestro problema. Me alegro de haberlo hecho ¡y Rachel también!

* * *

Mi hijo, Michael Howard, tiene cinco años y medio y va al jardín de niños. Lee libros de tercero a sexto año; tiene un vocabulario muy amplio y ha decidido que quiere ser cirujano plástico. Le gusta que le lea acerca de las diferentes partes del cuerpo en los libros de medicina. Con mucha frecuencia, se va a mi cama por las noches; lo he intentado todo para evitar que lo haga, sin hacerlo sentir indeseado. Traté de permanecer despierto hasta las 2.30 a.m., pero cuando me quedaba profundamente dormido llegaba a mi cama con su almohada, sus pantuflas y su bata y se metía debajo de las cobijas en mi cama grande y por la mañana lo encontraba acurrucado a mi lado. Incluso sugirió que yo durmiera en su cama y él dormiría en la mía. Cuando llegué a casa después de un taller, decidí intentarlo en otra forma.

Le pregunté a Michael Howard qué podríamos hacer para que no se fuera a mi cama por las noches y respondió, "Déjame pensarlo". Se fue a su recámara y unos diez minutos después regresó con un block amarillo y una pluma, diciendo, "Papá, escribe un memorándum". Después me dictó lo que debía escribir.

QUERIDO MICHAEL,
POR FAVOR, NO ENTRES EN LA NOCHE
TE QUIERE,
PAPÁ.

Volvió a salir y regresó con una cinta de medir y cinta adhesiva. Midió 1.12 metros (en la parte de afuera de la puerta de mi recámara), tomó el memorándum y lo pegó allí.

Michael declaró, "Si no quieres que entre (había pegado un pedazo de cinta adhesiva atrás del memorándum, en la parte inferior), pega la parte de abajo sobre la parte de arriba de la nota. Eso quiere decir que puedo entrar".

Le respondí, "Gracias".

A las 6.02 a.m. Michael se presentó en mi cama (yo me levanto alrededor de las 6.00 a.m. los días de trabajo). Me comentó, "Lo ves, papá, me levanté cuando estaba oscuro y no podía ver nada, pero tu nota estaba hacia abajo y la leí mentalmente, de manera que me regresé a mi cama. Como ves, papá, todo lo que tienes qué hacer es pedírmelo y yo te ayudaré a resolver tus problemas."

Eso ha durado dos semanas, con muy buenos resultados. Es la mejor forma. Gracias.

* * *

EL DILEMA DE JENNIFER A LA HORA DE DORMIR

El martes por la noche, todavía entusiasmada por la sesión de la noche anterior, abordé el problema con Jennifer (de cinco años):

LA MADRE: ¿Tienes tiempo para hablar?

JENNIFER: Sí.

LA MADRE: Me gustaría hablar de nuestro problema "a la mitad de la noche".

JENNIFER: Oh, de acuerdo.

LA MADRE: ¿Quieres decirme cómo te sientes con esta situación que nos está haciendo tan infelices a ambas?

JENNIFER: Algo me pasa, mamá (*con una mueca en el rostro y los puños apretados*), y no puedo quedarme en mi recámara. Sólo quiero venir a la tuya.

LA MADRE: Oh, ya veo. . .

JENNIFER: Sé que tú odias eso, ¿no es cierto?

LA MADRE: Bueno, déjame decirte cómo me siento. Después de un largo día, lo único que quiero es meterme a la cama, acurrucarme bajo los cobertores y quedarme profundamente dormida. Cuando me despiertan, simplemente no soy una mamá muy amistosa.

JENNIFER: Lo sé.

LA MADRE: Veamos si podemos encontrar alguna solución que nos haga felices a ambas, ¿de acuerdo? (*sacando un block y una pluma*).

JENNIFER:	¿Vas a escribirlo? ¿Harás una lista? (*muy impresionada*).
LA MADRE:	Así es. ¿Puedes empezar?
JENNIFER:	Me gustaría irme a la cama de papá y mamá.
LA MADRE:	De acuerdo (*escribiendo*). ¿Algo más?
JENNIFER:	En vez de eso, sólo podría despertarte.
LA MADRE:	Mmm. . . (*escribiendo*).
JENNIFER:	Podría leer con mi lamparita de noche si me siento angustiada.
LA MADRE:	Apuesto que podrías hacerlo. . .
JENNIFER:	Pero si tuviera una lámpara. . . ¿podría tener una?
LA MADRE:	(*escribiendo*). ¿Qué harías con una lámpara?
JENNIFER:	(*empezando a emocionarse*). Podría leer un libro, jugar con mi abatelenguas (*papá es médico*), escribir mis cartas. . .
LA MADRE:	Alguien parece muy emocionada.
JENNIFER:	De acuerdo, ¿qué hay del número cuatro (*en la lista*)?
LA MADRE:	¿Tienes más ideas?
JENNIFER:	(*rápidamente*). Podría pedir algo de beber.
LA MADRE:	Mmm (*escribiendo*).
JENNIFER:	Y el número 5 podría ser ir a ver si estás bien.
LA MADRE:	¡Vaya una lista! Vamos a repasarla.

Jen de inmediato escribió una x al lado de la primera y la segunda soluciones. Habló de comprar una lámpara, un block y crayones al día siguiente. Escogimos una atroz lámpara color naranja (*su* elección) que hiciera juego (?) con su recámara decorada en rojo y blanco. Esa noche todo fue muy bien y a la mañana siguiente recibí una caja de zapatos (su idea) llena de dibujos. Ya ha pasado toda una semana y me ha dejado dormir. Tengo los dedos cruzados.

* * *

Los padres nos comentan que una vez que sus hijos se acostumbran a la resolución de los problemas, son más capaces de resolver sus diferencias con sus hermanas y hermanos, lo que es un beneficio adicional para los padres. En vez de tener que intervenir, de tomar partido, de hacer las veces de jueces y de encontrar una solución, plantean el problema de otra manera y lo dejan en el lugar que le corresponde. . . en manos de los niños. El comentario que pareció activar más a los niños para que asumieran la responsabilidad de resolver sus propios conflictos fue el siguiente, *"Niños, es un problema difícil, pero confío en que ustedes dos podrán intercambiar ideas y encontrar una solución en la cual ambos estén de acuerdo"*. Este primer ejemplo es de un padre:

Brad (de cuatro años) y Tara (de dos y medio) estaban jugando afuera. Brad andaba en el triciclo de Tara y ella quería usarlo. Tara empezó a ponerse histérica y Brad se rehusaba a bajarse.

Por lo común, yo no habría titubeado en decir, ''Brad, bájate de ahí; ese triciclo es de tu hermana. ¡Tú tienes tu bicicleta!'' Pero en vez de tomar partido por Tara, les indiqué, ''Veo que tienen un problema. Tara, tú quieres andar en tu triciclo y tú, Brad, también quieres andar en él y ella no quiere que lo hagas''. Después les pedí a ambos, ''Creo que deberían encontrar una solución al problema, que sea aceptable para los dos''.

Tara seguía llorando y Brad se quedó pensando durante un momento y después me respondió, ''Creo que Tara podría pararse en la parte de atrás y sostenerse de mi cintura mientras yo conduzco''.

Le repliqué, ''Eso debes discutirlo con Tara, no conmigo''.

¡Entonces Brad le preguntó a Tara y ella accedió! Ambos se alejaron en el atardecer.

* * *

Lo que nunca deja de sorprendernos es la clase de soluciones que encuentran los niños. Por lo común, son completamente originales y más satisfactorias que cualquier sugerencia que pudieran hacer los padres.

Cuando regresé a casa después de nuestra última sesión sobre la resolución de problemas, mis dos hijos se encontraban a la mitad de una discusión acerca de una chamarra roja que ambos querían usar. Esa chamarra antes era de mi hija de seis años y ahora la usa mi hijo de tres años. Se estaban preparando para salir y los dos gritaban y peleaban acerca de quién debería usar la chamarra.

Les llamé la atención, comentando. "Veo a dos niños que quieren usar la misma chamarra roja.

"Veo a una niña que antes era la dueña de esa chamarra y todavía quiere tenerla.

"Veo a otro niño que quiere usar la chamarra roja porque ahora es suya.

"Creo que ambos pueden encontrar una solución para este problema. Cuando estén listos, estaré en la cocina."

Me dirigí a la cocina y mi esposo y yo escuchamos sorprendidos mientras los dos iniciaban una discusión. Cinco minutos después entraron a la cocina, diciendo, "¡Ya encontramos una solución! Josh llevará la chamarra roja al restaurante y cuando salgamos para ir a la feria, ¡yo usaré la chamarra y Josh puede usar mi nueva chamarra amarilla!"

* * *

La historia final nos habla de un niño tratando de resolver el problema de cómo enfrentarse a sus propias emociones violentas:

Scott (de ocho años) tiene problemas para ventilar sus sentimientos de cólera. Esa noche en particular, algo lo hizo estallar a la hora de la cena y se paró furioso de la mesa, con los puños apretados y sin saber cuál podría ser una forma aceptable de liberarse de toda su furia.

Camino a su recámara, derribó accidentalmente uno de mis floreros favoritos. Al verlo caer al suelo y romperse, me puse furiosa y, desafortunadamente, empecé a gritar como una maniaca; él corrió a su habitación, azotando la puerta.

Después de que mi esposo logró pegar el florero y el tiempo mitigó mis sentimientos de cólera, me dirigí a su recámara y toqué la puerta. Cuando preguntó, "¿Quién es?" le pregunté si podía entrar y si creía que era un buen momento para hablar.

Se me quedó viendo con gratitud y respondió, "¡Sí!". Era como si, por el solo hecho de mi presencia, se sintiera seguro de que yo aún lo amaba y pensaba en él como en un ser humano, no como un niño torpe e incontrolable.

Empecé por preguntarle cómo se siente cuando está ta-a-an encolerizado y me respondió que quisiera pegarle a alguien o romper algo, estallar en cólera y pegarles a las cosas tan fuerte como pueda. Le comenté que cuando él demuestra su cólera de esa manera, yo experimento el deseo de dirigirme a su recámara y romper su juguete favorito. Entonces ambos nos quedamos viendo el uno al otro, exclamando, "Hmmm".

Le pregunté (con mi lápiz y mi hoja de papel en la mano) si podríamos encontrar alguna forma de demostrar o ventilar su cólera con la cual ambos pudiéramos vivir y procedió a hacerme las siguientes sugerencias:

- Papá podría colgar mi bolsa de arena.
- Poner algo en la pared para arrojarle mi pelota.
- Colgar mi silla rellena de frijoles.
- Poner mi tocadiscos al máximo volumen.
- Comprar una barra para hacer ejercicio.
- Aplastar una almohada sobre mi cabeza.
- Azotar las puertas.
- Saltar con fuerza en el suelo.
- Saltar sobre la cama.
- Encender y apagar la luz.
- Salir y correr diez veces alrededor de la casa.
- Romper papel.
- Pellizcarme.

Yo no dije una sola palabra, pero lo escribí todo. Fue interesante ver que después de decir todas esas cosas que sabía que no le estaba permitido hacer, dejó escuchar una risita nerviosa, como si quisiera hacerme saber que eso es lo que *en realidad* le gustaría hacer.

Mientras repasábamos la lista, eliminé algunas de esas cosas y le expliqué por qué no me parecían bien. Nos decidimos por cuatro posibilidades.

Papá debería indicarle una fecha definitiva en que trataría de reparar y colgar su bolsa de arena.

El aparato para hacer ejercicio se instalaría en el vano de la puerta de su recámara.

Podría correr alrededor de la casa sólo durante el día.

Cuando le pregunté acerca de romper papel, le indiqué, "Sólo hay un problema con esto".

Y respondió, "Oh, ya sé ¡después lo recogeré!"

Para ese momento, estábamos sentados muy juntos, hablando con toda calma. Por último declaré, "Sólo hay una cosa que quisiera añadir y es algo que siempre está a tu disposición cuando te sientas tan lleno de cólera".

"Que puedo hablar de ello", respondió de inmediato.

Los dos nos fuimos a la cama sintiéndonos muy bien.

4 | Cómo fomentar la autonomía

Casi todos los libros sobre la educación de los hijos nos dicen que una de nuestras metas más importantes como padres es ayudar a nuestros hijos a separarse de nosotros, ayudarlos a convertirse en individuos independientes que algún día podrán desempeñarse por sí solos sin nuestra ayuda. Nos exhortan a no pensar en ellos como si fuesen pequeñas copias al carbón o extensiones nuestras, sino como seres humanos únicos con diferentes temperamentos, diferentes gustos, diferentes sentimientos, diferentes deseos y diferentes sueños.

Y sin embargo, ¿cómo vamos a ayudarlos a convertirse en personas separadas e independientes? Pues permitiéndoles que hagan las cosas por sí mismos, permitiéndoles que luchen con sus propios problemas, dejándolos para que aprendan de sus propios errores.

Es más fácil decirlo que hacerlo. Todavía recuerdo a mi primer hijo tratando de atarse las cintas de los zapatos mientras yo lo observé pacientemente durante diez segundos y después me agaché a hacerlo.

Y todo lo que mi hija tenía que hacer era sólo mencionar que había peleado con una amiga para que yo saltara al instante con un consejo.

¿Y cómo podía permitir que mis hijos cometieran errores y sufrieran un fracaso, cuando en primer lugar todo lo que tenían qué hacer era escucharme?

Quizá usted piense, "¿Qué hay de malo en ayudar a los hijos a atarse las cintas de los zapatos, o a decirles cómo resolver una discusión con una amiga o con cerciorarnos de que no cometan errores? Después de todo, los niños son más jóvenes y tienen menos experiencia. En realidad dependen de los adultos que están cerca de ellos''.

He aquí el problema. Cuando una persona depende constantemente de otra, surgen ciertos sentimientos. Con objeto de aclarar cuáles podrían ser esos sentimientos, por favor lea los siguientes comentarios, anotando sus reacciones:

I. Usted tiene cuatro años de edad. Durante el curso del día, escucha a sus padres diciéndole:

- ''Cómete tus ejotes; las verduras son buenas para ti.''
- ''Vamos, deja que te suba el cierre.''
- ''Estás cansado; acuéstate y descansa.''
- ''No quiero que juegues con ese niño; usa un lenguaje muy grosero''.
- ''¿Estás seguro de que no tienes que ir al baño?''

Su reacción: _____

_____

_____

_____

II. Usted tiene nueve años de edad. Durante el curso del día, sus padres le dicen:

- ''No te molestes en probarte esa chamarra; el verde no te queda bien.''
- ''Dame ese frasco; yo le quitaré la tapa.''
- ''Ya te he dejado tu ropa lista.''
- ''¿Necesitas ayuda con tus deberes escolares?''

Su reacción: _____

_____

_____

_____

III. Usted tiene diecisiete años. Su padre le dice:

- "No es necesario que aprendas a manejar. Me siento muy nervioso pensando en los accidentes. Me sentiré muy contento de llevarte a donde quieras ir. Todo lo que tienes que hacer es pedírmelo."

Su reacción: _____

_____

_____

_____

_____

IV. Usted es un adulto. Su jefe le dice:

- "Voy a comentarle algo por su propio bien. Deje de hacer sugerencias acerca de cómo mejorar las cosas aquí. Limítese a hacer su trabajo. No le estoy pagando por sus ideas; le pago para que trabaje."

Su reacción: _____

_____

_____

_____

_____

V. Usted es ciudadano de una nueva nación. Durante una junta pública escucha a un dignatario visitante, de un país rico y poderoso, que anuncia:

- "Debido a que su nación todavía está en su infancia y aún no se ha desarrollado, nosotros no nos olvidaremos de sus necesidades. Hemos planeado enviarles expertos y materiales para enseñarles cómo manejar sus granjas, sus escuelas, sus negocios y su gobierno. También les enviaremos a profesionales en planeación familiar, quienes los ayudarán a disminuir el índice de nacimiento en su país."

Su reacción: _____

_____

_____

_____

_____

Es probable que pudiéramos decir, sin temor a equivocarnos, que usted no desearía que sus hijos sintieran hacia usted la mayoría de los sentimientos que acaba de escribir. Y sin embargo, cuando la gente se encuentra en una posición de dependencia, junto con una pequeña dosis de gratitud, por lo común, también experimenta sentimientos de impotencia, de falta de mérito, de resentimiento, de frustración y de cólera. Esta desafortunada verdad puede presentarnos cierto dilema a nosotros como padres. Por una parte, es obvio que nuestros hijos son dependientes de nosotros; debido a su juventud y a su inexperiencia, hay muchas cosas que debemos hacer por ellos, decirles y enseñarles. Por otra parte, el hecho mismo de su dependencia puede conducir a sentimientos de hostilidad.

¿Hay algunas formas de reducir al mínimo los sentimientos de dependencia de nuestros hijos? ¿Hay algunas formas de ayudarlos a convertirse en seres humanos responsables que pueden funcionar sin ayuda de nadie? Afortunadamente, las oportunidades para fomentar la autonomía de nuestros hijos se presentan todos los días. He aquí algunas habilidades específicas que pueden ayudar a los niños a confiar en ellos mismos en vez de que confíen en nosotros.

Para fomentar la autonomía

1. Deje que los niños hagan sus propias elecciones.

2. Demuestre respeto hacia los esfuerzos de un niño.

3. No haga demasiadas preguntas.

4. No se apresure a dar respuestas.

5. Anime al niño a emplear recursos fuera de su hogar.

6. No le quite la esperanza.

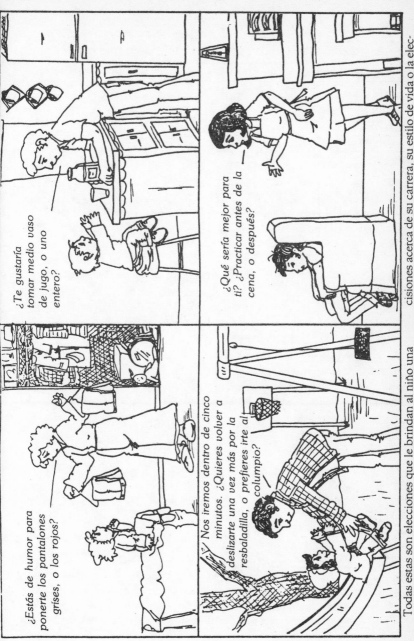

¿Estás de humor para ponerte los pantalones grises, o los rojos?

¿Te gustaría tomar medio vaso de jugo, o uno entero?

Nos iremos dentro de cinco minutos. ¿Quieres volver a deslizarte una vez más por la resbaladilla, o prefieres irte al columpio?

¿Qué sería mejor para ti? ¿Practicar antes de la cena, o después?

Todas estas son elecciones que le brindan al niño una práctica muy valiosa para tomar decisiones. Debe ser muy difícil para un adulto verse obligado a tomar de-cisiones acerca de su carrera, su estilo de vida o la elec-ción de su cónyuge sin tener una buena dosis de experiencia en ejercitar su propio juicio.

Cuando se respeta el esfuerzo del niño, éste reúne el ánimo suficiente para terminar él solo lo que está haciendo.

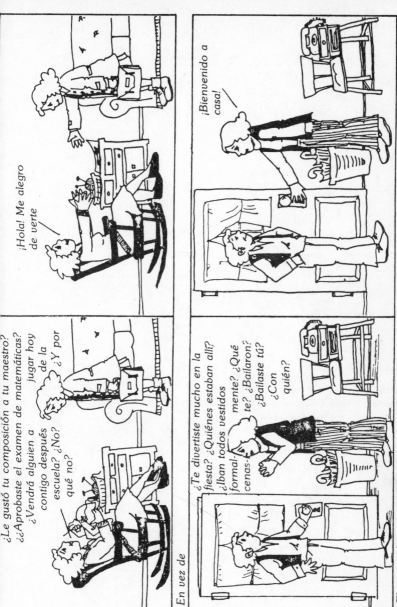

¡Hola! Me alegro de verte

¿Le gustó tu composición a tu maestro? ¿Aprobaste el examen de matemáticas? ¿Vendrá alguien a jugar hoy contigo después de la escuela? ¿No? ¿Y por qué no?

En vez de

¿Te divertiste mucho en la fiesta? ¿Quiénes estaban allí? ¿Iban todos vestidos formalmente? ¿Qué te? ¿Bailaron? ¿Bailaste tú? ¿Con quién?

¡Bienvenido a casa!

El exceso de preguntas puede experimentar como una invasión de la propia vida privada. Los niños pueden hablar acerca de lo que quieran y cuando deseen hacerlo.

NO SE APRESURE A DAR RESPUESTAS.

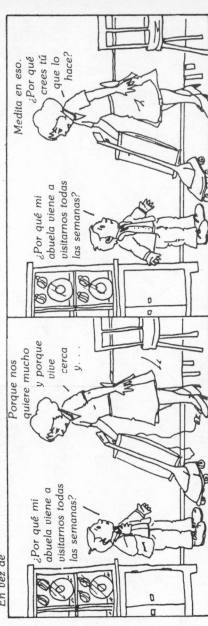

Cuando los niños hacen preguntas, merecen la oportunidad de explorar primero la respuesta ellos mismos.

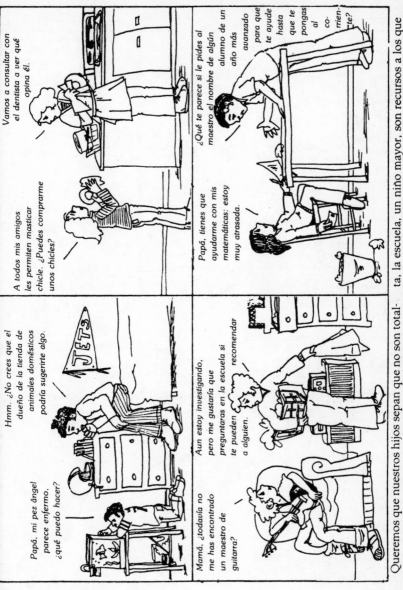

Queremos que nuestros hijos sepan que no son totalmente dependientes de nosotros. El mundo fuera del hogar, en la tienda de animales domésticos, el dentista, la escuela, un niño mayor, son recursos a los que puede acudir en busca de ayuda para sus problemas.

NO LE QUITE LA ESPERANZA

En vez de preparar a los niños para una decepción.

déjelos que exploren y experimenten.

Al tratar de proteger a los niños contra una decepción, les impedimos que esperen, luchen y sueñen y a veces también que realicen sus sueños.

A pesar de que muchas de estas habilidades que acaba de analizar, al principio pueden parecerle como algo de sentido común, no hay nada de común en ninguna de ellas. Se necesita cierta dosis de práctica y determinación para hablar con los niños en formas que fomenten su independencia.

En los siguientes ejercicios verá seis comentarios típicos de los padres. Por favor cambie cada uno de esos comentarios por otro que fomente la autonomía de un niño.

El padre dice originalmente:	*Comentario corregido que fomenta la autonomía:*
1. Báñate ahora mismo.	1. (Ofrezca una elección). _____ _____ _____ _____ _____
2. ¿Por qué se te dificulta tanto ponerte las botas? Vamos, levanta el pie, yo te las pondré.	2. (Demuestre respeto hacia los esfuerzos de un niño). _____ _____ _____ _____ _____
3. ¿Te divertiste hoy en el campamento? ¿Nadaste? ¿Te agradan los otros niños? ¿Cómo es tu consejero?	3. (No haga demasiadas preguntas.) _____ _____ _____ _____

4. EL NIÑO: ¿Por qué papá tiene que trabajar todos los días?

EL PADRE: Papá tiene que trabajar todos los días para que podamos tener esta casa, buena comida, ropa elegante y. . .

4. (No se apresure a dar respuestas).

_____
_____
_____
_____
_____
_____
_____

5. La ADOLESCENTE: Estoy engordando mucho y quiero ponerme a dieta. ¿Qué debo comer?

EL PADRE: Hace años que te he estado diciendo que dejes de comer tanto pastel y dulces y que empieces a comer fruta y verduras.

5. (Anime a los niños a emplear recursos fuera del hogar). _____

_____
_____
_____
_____
_____
_____

6. EL NIÑO: Papá, cuando sea grande quiero ser maestro.

EL PADRE: No cuentes con ello. Las escuelas para graduados están llenas de maestros que no pueden encontrar trabajo cuando salen de la escuela.

6. (No les quite la esperanza).

_____
_____
_____
_____
_____
_____
_____

Si está pensando que las seis habilidades que acaba de practicar no son las únicas que fomentan la autonomía de un niño, tiene toda la razón. A decir verdad, todas las habilidades que ha estudiado hasta ahora en este libro ayudan a los niños a considerarse como personas separadas, responsables y competentes. Cuando escuchamos a los niños hablar de sus sentimientos, o cuando compartimos con ellos nuestros propios sentimientos, o los invitamos a tratar de resolver el problema con nosotros, estamos fomentando su confianza en sí mismos.

Sé que para mí la idea de animar a los niños para que se hicieran cargo de los detalles de sus propias vidas fue algo revolucionario. Todavía puedo escuchar a mi abuela comentando con admiración de una vecina, "Es una madre maravillosa. ¡Lo que no hace por ese niño!" Crecí con la creencia de que las buenas madres "hacían" todo por sus hijos, sólo que yo todavía llegué a un paso más adelante. No sólo "hacía" todo por ellos, sino que también pensaba por ellos. ¿El resultado? Todos los días, por la cuestión más trivial, tenía lugar una lucha de voluntades, que terminaba con muchos sentimientos negativos a nuestro alrededor.

Cuando al fin aprendí a dejar en manos de los niños las responsabilidades que con toda justicia les pertenecen, mejoró la disposición de todos. He aquí lo que me ayudó: siempre que me daba cuenta de que empezaba a agitarme o a involucrarme, me preguntaba a mí misma, "¿Tengo alguna elección en este caso?. . . ¿Debo encargarme de la situación?. . . ¿O en vez de ello puedo dejar que los niños se hagan cargo de esto?"

En el siguiente ejercicio verá una serie de situaciones que a menudo hacen que los padres se inquieten, se involucren, o ambas cosas. A medida que lea cada una de esas situaciones, pregúntese a sí mismo.

I. ¿Qué puedo decir o hacer para impedir que el niño sea dependiente de mí?

II. ¿Qué podría decir o hacer para fomentar la autonomía de mi hijo?

Algunas habilidades que podrían ser útiles

Nuevas habilidades

Ofrezca una elección.
Demuestre respeto hacia los esfuerzos de su hijo.
No haga demasiadas preguntas.
No se apresure a responder las preguntas.
Fomente el uso de fuentes fuera del hogar.
No les quite la esperanza.

Antiguas habilidades

Acepte los sentimientos de su hijo.
Describa lo que siente.
Dé información.
Resuelvan los problemas.

EL NIÑO: Hoy llegué tarde a la escuela. Mañana tienes que despertarme más temprano.

EL PADRE: (*manteniendo la dependencia del niño*) _____

_____

EL PADRE: (*fomentando la autonomía*) _____

_____

EL NIÑO: No me gustan los huevos y ya estoy cansado del cereal frío. Ya no voy a desayunar.

EL PADRE: (*manteniendo la dependencia del niño*) _____

_____

EL PADRE: (*fomentando la autonomía*) _____

_____

EL NIÑO: ¿Hace frío afuera? ¿Necesito ponerme un suéter?

EL PADRE: (*manteniendo la dependencia del niño*) _____

_____

EL PADRE: (*fomentando la autonomía*) _____

_____

166

EL NIÑO: Oh, diablos, jamás podré abotonar este botón.

EL PADRE: (*manteniendo la dependencia del niño*) _____

_____

EL PADRE: (*fomentando la autonomía*) _____

_____

EL NIÑO: ¿Sabes una cosa? Voy a empezar a ahorrar el dinero de mi semana para comprarme un caballo.

EL PADRE: (*manteniendo la dependencia del niño*) _____

_____

EL PADRE: (*fomentando la autonomía*) _____

_____

LA NIÑA: Betsy quiere que vaya a su fiesta, pero no me simpatizan la mayoría de los niños que irán. ¿Qué debo hacer?

EL PADRE: (*manteniendo la dependencia del niño*) _____

_____

EL PADRE: (*fomentando la autonomía*): _____

_____

Me imagino que algunos de los comentarios que acaba de escribir le vinieron rápidamente a la mente y otros requirieron una considerable meditación. Puede ser un desafío encontrar el lenguaje que atraiga el sentido de responsabilidad de un niño.

A decir verdad, todo este asunto de fomentar la autonomía puede ser bastante complicado. Por mucho que comprendamos la importancia de que nuestros hijos sean independientes, dentro de nosotros hay fuerzas que obran en contra de ello. En primer lugar, está el aspecto de la mera conveniencia; en la actualidad, casi todos estamos demasiado ocupados y apresurados. Por lo común, nosotros mismos despertamos a nuestros hijos, les abotonamos los botones, les decimos lo que deben comer y la ropa que deben ponerse, porque nos parece mucho más sencillo y más rápido hacerlo así.

Después tenemos que enfrentarnos a nuestros vigorosos sentimientos de unión con nuestros hijos. Debemos esforzarnos por no considerar sus fracasos como nuestros fracasos. Y es difícil dejar que quienes están tan cerca de nosotros y nos son tan queridos luchen y cometan errores, cuando tenemos la certeza de unas cuantas palabras sensatas podrían protegerlos del dolor o de la decepción.

También se necesita una gran moderación y una buena dosis de autodisciplina de nuestra parte para no intervenir con un consejo, en particular cuando estamos seguros de tener la respuesta. Sé que hasta este día, siempre que uno de mis hijos pregunta, ''Mamá, ¿qué crees que debería hacer?'' tengo que controlarme para no decirle de inmediato lo que yo creo que debería hacer.

Pero hay algo todavía más importante que interfiere con nuestro deseo racional de ayudar a nuestros hijos a separarse de nosotros. Recuerdo tan bien la profunda satisfacción que experimentaba al sentirme tan totalmente necesitada por tres pequeños seres humanos. De manera que fue con una mezcla de sentimientos como descubrí que un despertador mecánico podía despertar a mis hijos de una manera más eficiente que todos mis recordatorios maternales. Y fue también con una mezcla de sentimientos como renuncié a mi labor de leer cuentos a la hora de dormir, cuando los niños al fin aprendieron a leer solos.

Mis propias emociones en conflicto acerca de su creciente independencia fueron las que me ayudaron a comprender una historia que me contó una maestra de un jardín de niños. La maestra describió sus esfuerzos por convencer a una joven madre de que su hijo en verdad estaría bien si ella no se quedaba sentada en el salón de clases al lado del pequeño. Cinco minutos después de que la madre salió, fue obvio que el pequeño Jonathan la necesitaba para que lo llevara al baño. Cuando la maestra lo instó a que fuera, respondió muy desconsolado, ''No puedo''.

Ella le preguntó, ''¿Por qué no?''

''Porque mami no está aquí'', le explicó Jonathan. ''Ella me aplaude cuando termino.''

La maestra se quedó meditando durante un momento. ''Jonathan, puedes ir al baño y luego te aplaudes tú mismo.''

Jonathan se la quedó mirando con los ojos muy abiertos.

La maestra lo llevó al baño y esperó. Después de algunos minutos, escuchó el sonido de los aplausos detrás de la puerta cerrada.

Después, ese mismo día, la madre la llamó por teléfono para comentarle que las primeras palabras que escuchó en labios de Jonathan cuando llegó a casa fueron, "Mami, ya puedo aplaudirme yo solo; ¡ya no te necesito!"

"Y no va a creerlo", añadió la maestra, "la madre declaró que se sentía muy deprimida por eso".

Claro que sí lo creí. Puedo creer que a pesar de nuestros sentimientos de orgullo por los progresos de nuestros hijos y de nuestra alegría por su creciente independencia, también es posible experimentar el dolor y el vacío de ya no sentirnos necesitadas.

El camino que recorremos los padres es agridulce. Empezamos con una absoluta dedicación a un pequeño ser humano importante; a lo largo de los años nos preocupamos, hacemos planes, consolamos y tratamos de comprender. Hacemos entrega de todo nuestro amor, nuestro trabajo, nuestro conocimiento y nuestra experiencia. . . de manera que algún día él o ella posean la fortaleza interna y la confianza en sí mismo para alejarse de nosotros.

TAREA

1. Ponga en práctica por lo menos dos habilidades que fomentarían el sentido de sí mismo de su hijo o hija como una persona separada, competente y confiada en sí misma.

2. ¿Cuál fue la reacción de su hijo?

_____

_____

_____

3. ¿Hay algo que usted acostumbra hacer por su hijo y que él podría empezar a hacer por sí mismo?

_____

_____

_____

4. ¿Cómo podría desplazar esta responsabilidad hacia su hijo sin que se sienta abrumado? (La mayoría de los niños no

reacciona en una forma favorable al comentario de, "Ahora ya eres un niño (o niña) grande. Tienes la edad suficiente para vestirte y comer solo y para hacer tu cama", etcétera).

_____

_____

_____

5. Lea la Segunda Parte sobre Cómo Fomentar la Autonomía.

Un rápido recordatorio. . .

Para fomentar la autonomía

1. DEJE QUE LOS NIÑOS HAGAN SUS PROPIAS ELECCIONES
   "¿Estás hoy de humor para ponerte los pantalones grises o los rojos?"

2. DEMUESTRE RESPETO HACIA LOS ESFUERZOS DEL NIÑO.
   "Puede ser difícil abrir un frasco. A veces ayuda si golpeas los lados de la tapa con una cuchara."

3. NO HAGA DEMASIADAS PREGUNTAS.
   "Me alegro de verte. Bienvenido a casa."

4. NO SE APRESURE A DAR RESPUESTAS.
   "Es una pregunta interesante. ¿Qué piensas tú?"

5. ANIME A LOS NIÑOS A EMPLEAR RECURSOS FUERA DE SU HOGAR.
   "Tal vez el dueño de la tienda de animales domésticos podría sugerirte algo".

6. NO LES QUITE LA ESPERANZA.
   "¡De manera que estás pensando obtener un papel en la obra. Será toda una experiencia."

Segunda parte: COMENTARIOS, PREGUNTAS E HISTORIAS DE LOS PADRES

Comentarios acerca de cada habilidad

I. *Deje que los niños hagan elecciones*

Parecería ilógico preguntarle a un niño si quiere medio vaso de leche o uno entero, su pan muy tostado o poco, pero para el niño cada una de esas pequeñas elecciones representa una oportunidad más de ejercer cierto control sobre su propia vida. Hay tantas cosas que un niño debe hacer que no es difícil comprender por qué se vuelve resentido y rebelde.

- "Debes tomar tu medicina."
- "Deja de tamborilear en la mesa."
- "Ahora debes irte a la cama."

Si podemos ofrecerle una elección acerca de *cómo* se debe hacer algo, a menudo esa elección basta para disminuir su resentimiento.

- "Puedo ver lo mucho que te desagrada esta medicina. ¿Te resultaría más fácil tomarla con jugo de manzana o con ginger ale?"
- "Ese tamborileo en verdad me molesta. Puedes dejar de tamborilear y quedarte aquí; o bien puedes ir a hacerlo a tu recámara. Tú decides."
- "Ahora es el momento para que papá y mamá charlen un poco y es hora de que tú te vayas a la cama. ¿Quieres dormirte ahora, o quieres jugar un rato en tu cama y llamarnos cuando estés listo para que vayamos a arroparte?"

Algunos padres se sienten incómodos al usar esta habilidad. Pretenden que una elección obligada, después de todo, no es una elección y que sólo se convierte en otra forma de acorralar a un niño. Es una objeción comprensible. Una alternativa es invitar al niño a sugerir alguna otra elección que parezca aceptable para todas las partes involucradas. He aquí lo que un padre nos comentó que hizo:

"Mi esposa y yo nos encontrábamos a punto de cruzar la calle con Tony, de tres años y con el bebé. Tony odia que lo tome de la mano y lucha por soltarse, a veces a media calle. Antes de cruzar, le indiqué, 'Tony, como verás, tienes dos elecciones. Puedes tomar la mano de mamá o puedes tomarme de la mano. O quizá tú tienes alguna otra idea que no ofrezca ningún riesgo'.

"Tony lo pensó durante un segundo y respondió, 'Me detendré del cochecito'. Su elección nos pareció aceptable."

II. *Demuestre respeto hacia los esfuerzos del niño.*

Acostumbrábamos pensar que cuando le decíamos a un niño que algo era "fácil", lo estábamos animando. Ahora nos damos cuenta de que al decirle. "Inténtalo, es muy fácil", no le estamos haciendo ningún favor. Si logra hacer algo "fácil", siente que no ha logrado gran cosa. Si fracasa, entonces ha fracasado en hacer algo sencillo.

Por otra parte, si le decimos, "No es fácil" o "Eso puede ser difícil", él mismo se envía otra serie de mensajes. Si tiene éxito, puede experimentar el orgullo de haber hecho algo difícil; si fracasa, por lo menos puede experimentar la satisfacción de saber que su tarea era difícil.

Algunos padres sienten que están actuando de manera falsa cuando dicen, "Eso puede ser difícil"; pero si analizaran esa tarea desde el punto de vista de un niño inexperto, se darían cuenta de que las primeras veces que se intenta cualquier cosa nueva, en verdad *es* difícil. (Evite decir, "Eso debe ser difícil para *ti*". Un niño podría pensar, "¿Por qué para mí? ¿Por qué no para todos los demás?")

Otros padres se quejaron de que era casi insoportable quedarse parados contemplando el esfuerzo de un niño sin ofrecerle nada más que empatía. Pero en vez de hacerse cargo de las cosas y hacer el trabajo en lugar del niño, le sugerimos que le ofrezca alguna información útil:

- "A veces ayuda si empujas el extremo del cierre hasta abajo, dentro de su base, antes de subirlo."
- "A veces ayuda si amasas la arcilla hasta formar con ella una bola suave, antes de que trates de hacer cualquier cosa."

- "A veces ayuda girar la perilla de la cerradura, antes de que vuelvas a intentar la combinación."

Nos agradan las palabras "a veces ayuda" porque si eso no ayuda, se le evitan al niño los sentimientos de deficiencia.

¿Significa esto que nunca debemos hacer por nuestros hijos lo que ellos no pueden hacer por sí mismos? Confiamos en que cada padre pueda darse cuenta cuando un niño está cansado o necesita alguna atención adicional, o incluso una pequeña dosis de mimos. En ciertas ocasiones se experimenta un gran consuelo por el solo hecho de que alguien nos cepille el cabello o nos ponga los calcetines, aun cuando uno sea perfectamente capaz de hacerlo. En tanto que, como padres, estemos conscientes de que nuestra dirección básica es ayudar a nuestros hijos a hacerse cargo de ellos mismos, podemos disfrutar con absoluta tranquilidad cuando "hacemos algo por ellos" ocasionalmente.

III. *No haga demasiadas preguntas*

Las clásicas frases, "¿A dónde fuiste?". . . "Fuera". . . "¿Qué hiciste?". . . "Nada", no salieron de la nada. Otras tácticas defensivas que emplean los niños para las pregunta que no quieren o no pueden contestar son "¡No lo sé!" o bien "¡Déjame en paz!"

Una madre nos contó que sentía que no era una buena madre si no le hacía preguntas a su hijo. Se quedó sorprendida al descubrir que cuando dejó de bombardearlo con preguntas y en vez de ello lo escuchaba con interés cuando él quería hablar, el niño empezó a mostrarse más abierto con ella.

¿Significa esto que nunca debe hacerle preguntas a su hijo? De ninguna manera. Lo importante es mostrarse sensible al posible efecto de sus preguntas.

Advertencia: Una pregunta muy común de los padres, que parece experimentarse como una presión es, "¿Te divertiste el día de hoy?" ¡Qué pregunta para hacérsela a un niño! No sólo se vio obligado a ir a la fiesta (a la escuela, a jugar, a un campamento, a un baile) sino que además se espera que él *debió* disfrutar de ello. Si no lo hizo, además de su propia decepción, también debe enfrentarse a la de sus padres. Tiene la impresión de que los decepcionará si no se divirtió.

IV. *No se apresure a dar respuestas*

Durante el curso de su crecimiento, los niños hacen una sorprendente variedad de preguntas:

- "¿Qué es un arco iris?"
- "¿Por qué el bebé no puede regresar al lugar de donde vino?"
- "¿Por qué las personas no pueden hacer todo lo que quieren?"
- "¿Por qué es necesario ir a la universidad?"

A menudo los padres se sienten en apuros por esas preguntas y buscan mentalmente las respuestas inmediatas y apropiadas. Esa presión que se imponen a sí mismos es innecesaria. Por lo común, cuando una niña hace una pregunta, ya ha meditado un poco en la respuesta. Lo que sí puede usar es un adulto que actúe como una tabla de armonía para ayudarla a explorar un poco más sus pensamientos. Siempre habrá tiempo más adelante para que el adulto le dé la respuesta "correcta", si todavía le parece importante.

Al darles a nuestros hijos respuestas inmediatas, no les hacemos ningún favor; es como si estuviésemos haciendo por ellos un ejercicio mental. Para los niños es mucho más útil que esas preguntas se les plantean de otra forma para un examen adicional:

- "Piénsalo un poco más."
- "¿Qué es lo que tú crees?"

Incluso podríamos repetirles la pregunta:

- "¿Por qué las personas no pueden hacer todo lo que quieren?"

Podemos concederle crédito al interrogador:

- "Estás haciendo una pregunta importante, que los filósofos se han hecho durante siglos."

No hay necesidad de apresurarse. El proceso de buscar la respuesta es tan valioso como la respuesta misma.

V. *Anime a los niños a emplear recursos fuera de su hogar*

Una forma de disminuir los sentimientos de dependencia de un niño hacia su familia es demostrarle que allá afuera hay una comunidad más vasta con valiosos recursos en espera de que los aproveche. El mundo no es un lugar hostil; en él podemos encontrar ayuda cuando la necesitamos.

Además del obvio beneficio para el niño, este principio también le aligera al padre la pesada carga de tener que ser siempre el "importante". La enfermera de la escuela puede discutir con el niño que tiene exceso de peso unos hábitos sensatos para comer; el vendedor de zapatos puede explicarle lo que les hace a los pies el uso continuo de zapatos de lona; la bibliotecaria puede ayudarle a un pequeño a luchar con un difícil trabajo de investigación; el dentista le puede explicar lo que sucede cuando no se cepillan los dientes. De alguna manera, todas esas fuentes externas tienen más peso que volúmenes enteros de charlas de mamá o de papá.

VI. *No les quite la esperanza*

Gran parte del placer de la vida radica en soñar despiertos, tener fantasías, anticipar, planear. Cuando tratamos de preparar a los niños para la posibilidad de una decepción, podemos privarlos de experiencias importantes.

Un padre nos comentó acerca de su hija de nueve años, que había llegado a sentir una gran pasión por los caballos. Un día le preguntó si podría comprarle un caballo. Nos informó que necesitó hacer un gran esfuerzo para no responderle que eso estaba fuera de discusión, debido al dinero, el espacio y los reglamentos de la ciudad. En vez de ello le respondió, "De manera que te gustaría tener tu propio caballo; háblame de ello". Entonces la escuchó mientras la pequeña se adentraba en grandes detalles acerca de cómo alimentaría a su caballo, lo cuidaría y lo sacaría a pasear todos los días. El solo hecho de hablar de su sueño pareció ser suficiente para la niña y jamás volvió a presionar a su padre para que le comprara un caballo. Pero después de esa conversación, sacaba libros sobre caballos de la biblioteca, dibujaba caballos y empezó a ahorrar parte del dinero de su semana para poder comprar algún día un terreno para su caballo. Algunos años después solicitó un trabajo para ayudar en un establo de la localidad, en donde cambiaba sus servicios por algún paseo ocasional a caballo. Para la época en que tenía catorce años, su interés por los caballos había desaparecido. Un día anunció que pensaba comprarse una bicicleta de diez velocidades con su "dinero para el caballo".

Más formas de fomentar la autonomía

I. *Dejemos que sea dueña de su propio cuerpo*

Absténgase de quitarle constantemente el cabello de los ojos, de enderezarle los hombros, de cepillarle la pelusa de la ropa, de meterle la blusa dentro de la falda, de arreglarle el cuello. Los niños experimentan esta clase de cuidados que les prodigan como una invasión de su intimidad física.

II. *Manténgase alejado de las minucias de la vida de un niño*

Muy pocos niños aprecian el hecho de escuchar, "¿Por qué escribes con la nariz metida en el papel?. . . Siéntate erguido cuando haces tus tareas escolares. . . Quítate el cabello de los ojos, ¿cómo puedes ver lo que estás haciendo?. . . Abotónate los puños de la camisa; dan una impresión de desaliño si los dejas abiertos. . . Es necesario que te deshagas de esa vieja sudadera; cómprate una nueva. . . ¿Gastaste todo el dinero de tu semana en eso? Pues creo que fue un desperdicio de dinero".

Muchos niños reaccionan a esta clase de comentarios con un irritable, "¡Ma-a-má!" o "¡Pa-a-pá!" Traducción: "Deja de molestarme. Ya no me fastidies. Es asunto mío."

III. *No hable de un niño enfrente de él, no importa lo pequeño que sea.*

Imagínese parado al lado de su madre mientras ella le hace a una vecina cualquiera de los siguientes comentarios:

- "Bueno, en primer año no se sentía muy contento debido a su lectura, pero ahora se está desempeñando mejor."
- "Adora a la gente. Todos son sus amigos."
- "No le hagas caso. Es un poco tímido."

Cuando los niños oyen que hablan de ellos en esta forma, se sienten como objetos, como posesiones de sus padres.

IV. *Deje que el niño responda él mismo*

Una y otra vez el padre, en presencia del niño, escucha preguntas como las siguientes:

- "¿Le gusta a Johnny ir a la escuela?"
- "¿Le agrada el nuevo bebé?"
- "¿Por qué no está jugando con su juguete nuevo?"

Una verdadera señal de respeto hacia la autonomía del niño es responderle al adulto que hace esa clase de preguntas, "Johnny te lo puede decir; él es el que lo sabe".

V. *Demuestre respeto a las posibles "aptitudes" de su hijo*

A veces un niño tiene grandes deseos de hacer algo, pero no está emocional o físicamente preparado para hacerlo. Una pequeña quiere usar el baño como una "niña grande", pero todavía no puede hacerlo. Un pequeño quiere ir a nadar como los demás niños, pero aún le tiene miedo al agua. La niña quiere dejar de chuparse el dedo, pero cuando está cansada se siente tan bien hacerlo.

En vez de obligar, exhortar o avergonzar a una pequeña, podemos expresar nuestra confianza en su máxima aptitud:

- "No estoy preocupado. Cuando creas que estás preparado, te meterás al agua."
- "Cuando decidas hacerlo, dejarás de chuparte el dedo."
- "Uno de estos días usarás el baño como mamá y papá."

VI. *Cuídese de decir demasiados "no"*

Habrá muchas veces en que los padres tendremos que frustrar los deseos de nuestros hijos. Sin embargo, algunos niños experimentan un brusco "no" como un llamado a las armas, como un ataque directo a su autonomía. Y entonces movilizan toda su energía para el contraataque. Gritan, hacen rabietas, insultan y se deprimen. Le lanzan al padre una andanada de "¿Por qué no?. . . Eres malo. . . ¡Te odio!"

Eso resulta agotador, incluso para el más paciente de los padres. Entonces, ¿qué podemos hacer? ¿Ceder? ¿Decir "sí" a todo? Obviamente no, pues allí radica la tiranía del niño mimado. Por fortuna, contamos con algunas alternativas útiles que permiten que los padres sean firmes, sin que por ello inviten a una confrontación.

ALGUNAS ALTERNATIVAS PARA EL "NO"

A. *Ofrezca información* (y olvídese del "no"):

LA NIÑA: ¿Puedo ir ahora a jugar a casa de Suzie?
En vez de "*No*, no puedes ir".
Infórmele los hechos:
"Vamos a cenar dentro de cinco minutos."
Teniendo esa información, la niña podría decirse a sí misma. "Creo que no podré ir ahora."

B. *Acepte los sentimientos:*

EL NIÑO: (En el zoológico). No quiero irme a casa ahora. ¿No podemos quedarnos?
En vez de, "¡*No*, ya tenemos que irnos!"
Acepte sus sentimientos:
"Ya veo que si fuera por ti, te quedarías mucho, mucho tiempo" (tomándolo de la mano para irse). "Es difícil de irse de un lugar donde se disfrute tanto."
A veces disminuye la resistencia cuando alguien comprende cómo se siente la otra persona.

C. *Describa el problema:*

EL NIÑO: Mamá, ¿podrías llevarme ahora en el coche a la biblioteca?
En vez de "*No*, no puedo. Tendrás que esperar".
Describa el problema:
"Me gustaría ayudarte. El problema es que el electricista vendrá dentro de la próxima media hora."

D. *Siempre que sea posible, sustituya el "no" por un "sí":*

EL NIÑO: ¿Podemos ir al campo de juego?
En vez de "*No*, todavía no has comido".
Sustituya por un "sí":
"Sí, por supuesto; iremos después de comer."

E. *Concédase tiempo para pensar.*

EL NIÑO: ¿Puedo quedarme a dormir en casa de Gary?
En vez de, "*No*, te quedaste a dormir la semana pasada".
Concédase la oportunidad de pensar:
"Déjame que lo piense."
Esta pequeña frase logra dos cosas: le quita lo irritable a la intensidad del niño (por lo menos sabe que considerarán en serio su petición) y le concede al padre o a la madre el tiempo para meditar en sus sentimientos.

Es muy cierto, la palabra "no" es más breve y algunas de estas alternativas nos parecen mucho más largas. Pero cuando usted considera el acostumbrado resultado del "no", el camino más largo a menudo es el más corto.

Más acerca de los consejos

En el momento en que le mencionamos a un grupo que el hecho de aconsejar a los niños puede interferir con su autonomía, muchos padres de inmediato se levantan en armas. Piensan, "¡Vamos, eso ya es ir demasiado lejos!" No pueden comprender por qué deben privarse del derecho de compartir su sabiduría paterna. Las siguientes son las preguntas de una mujer muy persistente y un resumen de las respuestas que le dimos.

¿Por qué no habría de contar mi hija con el beneficio de mis consejos cuando tiene un problema? Por ejemplo, mi hija Julie no estaba muy segura de si debía ir a la fiesta de cumpleaños de su amiga, porque no le agradan algunas de las otras niñas invitadas. "Siempre están murmurando y poniendo apodos." ¿Qué hay de malo en decirle a Julie que en cualquier forma debería ir, porque de lo contrario decepcionaría a su amiga?

Cuando usted les ofrece un consejo inmediato a los niños, pueden sentirse tontos ("¿Por qué no habré yo pensado en eso?"), resentidos ("¡No me digas cómo debo gobernar mi vida!"), o irritados ("¿Qué te hace suponer que yo no había pensado en eso?").

Cuando una niña piensa por sí misma lo que quiere hacer, aumenta su confianza y está dispuesta a asumir toda la responsabilidad de su decisión.

¿Trata de decir que no debo hacer nada cuando mi hija tiene un problema? Las pocas veces que le he respondido a Julie, "Es tu problema: resuélvelo tú", parecía muy enfadada.

Los niños sí se sienten heridos y abandonados cuando sus padres pasan por alto sus problemas, pero entre los extremos de pasarlos por alto o de intervenir con un consejo instantáneo, hay muchas cosas que los padres pueden hacer:

a) *Ayudarla a ordenar sus sentimientos y pensamientos confundidos.*

"Por lo que me has estado comentando, Julie, parece que piensas en dos formas distintas acerca de ir a esa fiesta. Quieres estar con tu amiga el día de su cumpleaños, pero no quieres enfrentarte a las niñas que no te agradan."

b) *Vuelva a plantear el problema como una pregunta.*

"De manera que según parece, la pregunta es, '¿Cómo encuentro la forma de asistir a esa fiesta y de enfrentarme a los insultos de las niñas?'"

Es una buena idea guardar silencio después de que ha hecho una pregunta como ésta. Su silencio proporcionará el terreno en el cual pueden madurar las soluciones de la niña.

c) *Señale algunos recursos que su hija podría usar fuera del hogar.*

"He observado que la sección de 'Jóvenes Adultos' de la biblioteca cuenta con algunos libros para adolescentes sobre la forma de enfrentarse a diferentes problemas sociales. Quizá te gustaría ver qué es lo que dicen esos libros."

Supongamos que hago todo eso y después pienso en una solución en la cual estoy segura no ha pensado Julie. ¿Puedo mencionársela?

Después de que la niña haya tenido tiempo de aclarar lo que ella piensa y lo que siente, podrá escuchar la idea de usted con imparcialidad, en particular si usted se la presenta en una forma que demuestre respeto hacia su autonomía:

"¿Qué piensas acerca de llevar a la fiesta tu disco, el de ese nuevo comediante? Tal vez así las niñas estarán demasiado ocupadas riendo y no empezarán a murmurar."

Cuando en nuestra sugerencia incluimos el prefacio, "Qué piensas acerca de. . ." o "Estarías dispuesta a considerar. . .", reconocemos el hecho de que el consejo que a nosotros nos parece tan "sensato", a la niña puede parecerle "no muy sensato".

Pero supongamos que yo creo decididamente que Julie debe ir a la fiesta. ¿Debo guardar silencio?

Después de que la niña ha explorado su problema, puede serle útil escuchar la manera de pensar o las convicciones de sus padres:

"Me molestaría pensar que te perderías de la diversión de esa fiesta debido a la manera de actuar de las demás niñas."

"Creo que es importante que no decepciones a una buena amiga el día de su cumpleaños, incluso si eso significa cierto sacrificio."

Los hijos tienen todo el derecho de saber cuáles son los valores de sus padres. Incluso si deciden no actuar de acuerdo con ellos en ese momento, puede estar segura de que le habrá dado algo en qué pensar.

Cuando los padres fomentan la autonomía

Durante la semana que siguió a una de nuestras sesiones sobre la autonomía, los padres de nuestro grupo tenían muchas cosas que contarse unos a otros.

Esta semana tuve dos "primeras veces" con Danny. Lo dejé abrir las llaves del agua de la tina para que él mismo regulara la temperatura del agua en la forma que más le agrada, y lo dejé que preparara su desayuno.

Siempre le partía la comida a Rachel porque no le tenía confianza con el cuchillo. Por fin le compré un pequeño cuchillo de plástico y ahora se siente como una niña grande cuando parte su carne.

Cuando Shana era pequeña y derramaba todo, siempre le decía, "Oh, Shana" y limpiaba lo que había derramado. Ahora con Alyssa (de quince meses) le dejo su taza sobre una mesita. La primera vez que la derramó, le señalé el jugo y le demostré cómo secarlo con una toalla de papel. Ahora, siempre que lo derrama señala hacia las toallas de papel y lo limpia de muy buen grado. ¡El día de ayer dejé la toalla a su alcance y ella se encargó de limpiar lo que había tirado y después me enseñó lo que había hecho!

No puedo soportar cuando veo a los niños empujando la comida con los dedos para acercarla al tenedor, o comer con los codos sobre la mesa, o limpiarse las manos en los pantalones en vez de usar sus servilletas. Sin embargo, odio tener que recordárselo constantemente.

Anoche decidí dejar el problema en sus manos. Su solución: Tres veces a la semana tendríamos la "Noche de buenos modales; y el resto del tiempo podrían comer como quisieran y yo no diría nada. (Incluso sugirieron que una vez a la semana actuáramos "naturales", sin usar utensilios y comiendo todo con los dedos. . . ¡incluyendo la sopa! Pero eso era más de lo que yo podía aprobar).

Le informé a mi hijo, "Tienes veinte minutos antes de irte a dormir. Puedes seguir dibujando y después irte directamente a la cama, o puedes prepararte ahora para ir a dormir y después tendrás tiempo para jugar con tus luces de circo en la cama". De inmediato salió como estampida a ponerse la piyama, cepillarse los dientes, etcétera.

Nicole estaba llorando y tratando de abotonarse su blusa. Se acercó a mí y casi me metió el botón por la nariz. Le comenté, "Esos pequeños botones en verdad son difíciles de abotonar; pareces muy frustrada".

Retrocedió y siguió intentándolo. Yo me encontraba a punto de ceder y abotonarle la blusa cuando declaró, "Vaya, ¡lo logré!" y se fue.

Acostumbraba tener grandes discusiones por la ropa con mi hija de cuatro años. Ahora la dejo que use lo que ella quiere cuando no va a la escuela; los días de escuela le dejo sobre su cama dos juegos de ropa y ella decide cuál usará.

Me siento tan orgullosa de mí misma. Al fin les puse fin a las cotidianas disputas con mi hijo sobre si debía usar suéter o chamarra. Le indiqué, "Sam, he estado pensando; en vez de que yo te diga todos los días lo que debes usar, creo que tú puedes decírtelo a ti mismo. Vamos a elaborar una tabla del tiempo y a decidir qué ropa va de acuerdo con qué grados de temperatura".

Elaboramos juntos la tabla:
20.6°C y más. . . no usar suéter
entre 10°C y 20°C. . . clima para usar suéter
9.4°C y menos. . . chamarra gruesa

Después compré un gran termómetro y él lo colgó afuera, de un árbol; ahora lo consulta cada mañana y ya no hay más discusiones. Me siento como un genio.

No le hice a Howie ninguna pregunta acerca de lo que había hecho en el campamento. Lo dejé que hablara de lo que él quiso y habló hasta por los codos.

Jody me preguntó, "¿Por qué nunca vamos de vacaciones a ningún lugar como las Bermudas o Florida?"

Estuve a punto de responderle, pero recordé que no debía hacerlo, así que le pregunté, "¿Por qué no lo hacemos?"

Empezó a bailar por toda la cocina y declaró, "Ya sé. . . porque cuesta mucho dinero. . . Bueno, cuando menos, ¿podremos ir al zoológico?"

Tengo que acostumbrarme a no responder las preguntas de mi hijo por él. Y creo que él también tendrá que acostumbrarse. He aquí lo que sucedió la semana pasada:

JOHN: Dime cómo puedo hacer una bomba atómica.
YO: Es una pregunta muy interesante.
JOHN: Bueno, dímelo.
YO: Tendría que pensar en ello.
JOHN: Piensa en ello ahora y dímelo.

YO: No puedo, pero vamos a pensar quién o qué podría ayu-
darnos a encontrar la respuesta.

JOHN: No quiero ir a la biblioteca y buscarlo. ¡Sólo dímelo!

YO: John, no puedo responderte a esa pregunta sin ayuda.

JOHN: Entonces se lo preguntaré a papá. Y si él no lo sabe,
entonces le preguntaré a William (un niño de tercer año).
Pero me enojo cuando pienso que un niño de tercer año
sabe más que una tonta mamá.

YO: ¡Nada de insultos en esta casa!

Kevin me comentó que pensaba venderles a los vecinos las calabacitas de su huerto. Estuve a punto de impedírselo, porque eran la mitad del tamaño de las que venden en el supermercado y no quería que molestara a los vecinos. Pero estaba tan emocionado que dejé que lo hiciera; además, no quería "quitarle la esperanza".

Una hora después regresó con una gran sonrisa en el rostro, 750 pesos y sólo una calabacita. Me informó que la señora Greenspan le había dicho que era un "jovencito emprendedor" y añadió, "¿qué quiere decir eso?"

Jason me platicó que quiere ser policía, bombero, pescador y astronauta. No quise desanimarlo.

Ahora soy más capaz de mantenerme alejada de las peleas de los niños; les indico que estoy segura de que ellos pueden resolver sus diferencias por sí solos. Muchas veces lo hacen.

Las siguientes contribuciones nos fueron entregadas al final de la sesión:

. . .Hasta la fecha mis amigos todavía comentan sobre mi independencia. Soy uno de cinco hijos cuyo padre trabajaba seis o siete días a la semana. . . dependiendo de cómo iba su negocio de menudeo. Soy el segundo después del mayor y me convertí en una persona independiente y confiada en sí misma porque tenía que hacerlo. No era posible que mi madre "atendiera" a cinco hijos y pudiera sobrevivir, si no nos enseñaba a todos a hacer las cosas sin ayuda.

Sin embargo, albergo sentimientos ambivalentes acerca de los recuerdos de mi infancia. Me sentía orgulloso porque no corría en busca de mi madre y o de mi padre para que me ayudaran con muchos problemas, temores y necesidades, como lo hacían mis amigos. Por otra parte, me habría gustado que también fuera *mi decisión* si quería confiar en alguno de mis padres o que me ayudaran. (Sabía que me negarían lo que pudiera sobre la base de la falta de tiempo o cualquier otra cosa, de manera que dejé de pedir ayuda y hacía las cosas por mí mismo).

Los niños siempre quieren ser adultos, pero a pesar de ello necesitan ser niños, necesitan crecer de una manera gradual. Estoy orgulloso de la eficiencia de mi madre y de su capacidad para enseñarnos nuestra rutina, pero creo que debí tener la opción de recurrir a mis padres cuando los necesitaba.

* * *

Siempre hay tantas cosas que Kirk debe hacer cuando regresa a casa después de la escuela, que nunca hace nada, a menos de que yo esté detrás de él. A fin le escribí la siguiente nota:

> Querido Kirk,
> Papá y yo nos sentimos muy tristes porque últimamente parece que siempre estamos luchando contigo para que hagas las cosas que sabes que tienes que hacer.
> ¿Cuánto tiempo necesitas para encontrar un programa positivo para todas las cosas que debes hacer? ¿Veinticuatro horas? ¿Más? Nos gustaría que para finales de la semana nos presentaras un plan tuyo, por escrito, de lo que crees que te dará resultado. Necesitará incluir el tiempo adecuado para:
> —mover los brazos 10 minutos, tres veces al día. (Se fracturó un brazo y no ha estado haciendo los ejercicios que le indicó el médico.)
> —sacar a pasear al perro
> —tus deberes escolares
> —la práctica
> —jugar y divertirte
>
> Te quiere.
> Mamá

El jueves por la noche nos presentó un horario por escrito y lo ha seguido bastante bien.

* * *

Paul estaba en verdad preocupado por sus calificaciones; días antes de que llegaran empezamos a percibir ciertas señales. Decía cosas como, "No voy a tener una calificación muy buena en matemáticas. . . ya la vi en la libreta del señor D. No se suponía que debía verla".

Por la noche, después de la cena, le pedí, "Paul, ven aquí para que veamos tus calificaciones". Se acercó dirigiendo la mirada a todas partes, porque estaba preocupado pero se sentó en mis piernas, declarando, "Papá, no te van a gustar".

YO: Bien, Paul, veamos tus calificaciones. ¿Qué te parecen?

PAUL: Espera hasta que veas la de matemáticas.

YO: Ahora no estoy viendo la de matemáticas. Empecemos por arriba. Veamos, aquí hay una B (Bueno) en lectura.

PAUL: Sí, en lectura estoy bien.

YO: Y veo una B en caligrafía y tenías muchos problemas en esa materia. De manera que aquí estás haciendo progresos. . . ¡Y tienes una E (Excelente) en ortografía! También estabas preocupado por eso. . . Estas calificaciones me parecen bastante bien. . . Inglés, una S.

PAUL: Pero debería estar mejor en inglés.

YO: Una S es satisfactorio.

PAUL: Sí, pero debería estar mejor.

YO: Y bien, ahora las matemáticas. ¿Qué veo aquí?. . . una M (Mínimo).

PAUL: ¡Sabía que te enojarías!

YO: De manera que ésta es la materia con la que tienes problemas.

PAUL: Oh, sí, pero voy a estar mucho mejor en matemáticas.

YO: ¿Cómo piensas hacerlo?

PAUL: Bueno, me esforzaré más.

YO: ¿Cómo?

PAUL: (una larga pausa). Estudiaré más y haré todas mis tareas. . . y terminaré mis trabajos en la escuela.

186

YO: Me parece que te estás fijando algunas metas. Vamos a tomar una hoja de papel para anotarlas.

Paul fue por una hoja de papel y un lápiz y anotamos todas las materias y al lado la nota que había obtenido. En la segunda columna, él escribió la nota que trataría de obtener en sus siguientes calificaciones.

La parte más sorprendente fue que yo pensé que sólo se concentraría en las matemáticas y mejoraría esa calificación. Pero él decidió mejorar no sólo en esa materia, sino también en inglés, en ciencias sociales y en ciencias naturales. Cuando llegó a las matemáticas declaró que mejoraría desde la M hasta la E.

YO: Paul, es un gran salto, ¿crees que puedas hacerlo?
PAUL: Oh, por supuesto, voy a trabajar mucho en matemáticas.

Al final de la calificación hay un espacio para los comentarios de los padres y la firma. Escribí: "He discutido con Paul sus calificaciones y ha decidido fijarse nuevas metas. Planea trabajar con más empeño, en especial en matemáticas." Después firmé y le pedí a Paul que también él firmara.

Pegamos la hoja con las metas en la puerta de su recámara, de manera que pudiera referirse a ella. durante los siguientes tres días ¡llegó a casa con calificaciones de E en sus trabajos de matemáticas! No podía creerlo y le comenté, "Paul, cuando te decides a hacer algo, ¡no hay nadie que te detenga!

*   *   *

Me crié en el seno de una familia muy estricta. Desde que era muy pequeño me decían lo que debía hacer y cuándo debía hacerlo. Siempre que preguntaba, "¿Por qué?", mi padre respondía, "Porque yo lo digo". Muy pronto aprendí a no preguntar.

Cuando tuve un hijo propio, había algo de lo que estaba seguro: no quería educarlo de esa manera; pero tampoco estaba muy seguro de cómo debería hacerlo de otra manera. La sesión sobre la autonomía me fue muy útil. He aquí algunas de las cosas que sucedieron y que les darán una idea de lo que quiero decir.

Cuando me convertí en un padre solo, empecé a observar ciertas cosas que nunca antes había observado. Robby constantemente se hartaba de comer galletas, de manera que escondí la caja de las galletas y sólo le daba una a la vez. Al día siguiente de nuestra junta, llegué a casa con una caja de galletas y la dejé sobre la mesa, diciendo, "Robby, ya no pienso ser el policía de las galletas. Ésta es la única caja que compraré esta semana; tú decides si quieres comértelas todas de una vez o si quieres que te duren para el resto de la semana. Es tu decisión". Y eso fue todo; jamás volví a decirle una sola palabra acerca de eso. Acabó por comerse dos galletas todos los días y tres el fin de semana.

Además, también acostumbraba sentarme con él todas las noches para ayudarlo con sus tareas y acabábamos gritándonos el uno al otro. Una noche me fui a la sala y empecé a leer el periódico. Robby preguntó, "Papá, ¿cuándo vas a ayudarme?" Le respondí, "Tengo confianza en que si tú mismo te concedes el tiempo para tus deberes, podrás hacerlos sin ayuda". Esa noche, cuando lo acosté, me dijo, "Hice mi tarea yo solo, te quiero, papá".

La siguiente noche me comentó que quería hablar de algo conmigo, así que le pregunté, "¿De qué se trata?"

Replicó, "A partir de ahora, papá, quiero ser mi propio dueño. ¿De acuerdo?"

Le dije, "Estoy de acuerdo".

Poco después le indiqué, "Robby, es hora de irte a dormir. Ponte la piyama y asegúrate de cepillarte los dientes".

"Ya lo sé, papá", respondió. "Recuerda, ¡ahora soy mi propio dueño!"

5 | Las alabanzas

Había una vez dos niños llamados Bruce y David, los dos de siete años. Ambos tenían madres que los amaban mucho.

El día de cada uno de los niños se iniciaba de una manera diferente. Lo primero que escuchaba Bruce al levantarse por la mañana era, "¡Levántate ahora mismo, Bruce! Vas a volver a llegar tarde a la escuela"

Bruce se levantaba, se vestía él solo, con excepción de los zapatos, y bajaba a desayunar. Su madre le preguntaba, "¿En dónde están tus zapatos? ¿Piensas ir descalzo a la escuela?. . . ¡Y mira la ropa que te has puesto! Ese suéter azul se ve horrible con la camisa verde. . . Bruce, queridó, ¿qué le hiciste a tu pantalón? Está roto. Quiero que te lo cambies después de desayunar; ningún hijo mío va a ir a la escuela con el pantalón roto. . . Ahora, ten cuidado al servirte el jugo. ¡No lo derrames como acostumbras hacerlo!"

Bruce se sirvió el jugo y lo derramó.

La madre estaba exasperada. Mientras limpiaba, comentaba, "Ya no sé qué hacer contigo".

Bruce murmuró algo para sí mismo.

"¿Qué fue lo que dijiste?", preguntó la madre. "Otra vez estás murmurando".

Bruce terminó su desayuno en silencio. Después se cambió el pantalón, se puso los zapatos, recogió sus libros y salió hacia la escuela. Su madre lo llamó, "Bruce, ¡te olvidaste de tu almuerzo! Si no tuvieras la cabeza pegada a los hombros, apuesto que también te olvidarías de ella".

189

Bruce tomó su almuerzo y una vez más se dispuso a salir, cuando la madre le recordó. "Asegúrate de comportarte bien en la escuela el día de hoy".

David vivía al otro lado de la calle. Lo primero que escuchaba por la mañana era, "David, son las siete. ¿Ya quieres levantarte o dentro de cinco minutos?" David se dio vuelta en la cama bostezando, "Cinco minutos más", murmuró.

Después llegó a desayunar ya vestido, con excepción de los zapatos. Su madre le dijo, "Vaya, veo que ya estás vestido. ¡Lo único que te falta es ponerte los zapatos!. . . Oh, hay un desgarrón en la costura de tu pantalón; parece que se fuera a abrir en dos. ¿Te lo coso mientras te quedas parado, o prefieres cambiarte?" David se quedó pensando durante un momento y respondió, "Me cambiaré después de desayunar". Después se sentó a la mesa y se sirvió su jugo, derramando un poco.

"La toalla para limpiar está en el fregadero", le indicó su madre por encima del hombro mientras seguía preparando el almuerzo del niño. David tomó la toalla y limpió el jugo; charlaron un rato mientras David desayunaba. Cuando terminó, se cambió el pantalón, se puso los zapatos, recogió sus libros y salió para ir a la escuela, sin su almuerzo.

La madre lo llamó, "David, ¡tu almuerzo!"

Regresó corriendo por él y le dio las gracias. Al entregárselo, le dijo, "¡Nos veremos más tarde!"

Tanto Bruce como David tenían el mismo profesor. Durante el día, el profesor les pidió, "Niños, como ya saben, la próxima semana presentaremos nuestra obra del Día de la Raza. Necesitamos un voluntario para que pinte un letrero de bienvenida lleno de colorido para colgarlo en la puerta de nuestro salón de clases. También necesitamos un voluntario para servirles limonada a nuestros invitados después de la obra. Y por último, necesitamos a alguien que vaya a los demás salones de tercer año y pronuncie un breve discurso invitando a todos a asistir a nuestra representación, indicando la hora, el día y el lugar".

Algunos de los niños alzaron la mano de inmediato; otros lo hicieron tentativamente; y otros más ni siquiera la levantaron.

Nuestra historia termina aquí; es todo lo que sabemos. Y sólo podemos adivinar lo que sucedió después. Pero ciertamente esa historia nos deja algo en qué pensar. Tómese ahora un momento para considerar estas preguntas y después contéstelas:

1. ¿Es probable que David haya alzado la mano para ofrecerse como voluntario?
2. ¿Lo haría Bruce?
3. ¿Cuál es la relación entre la forma en que los niños piensan acerca de sí mismos y su buena disposición para aceptar los desafíos o arriesgarse al fracaso?
4. ¿Cuál es la relación entre la forma en que ambos niños piensan acerca de sí mismos y la clase de metas que se han fijado?

Ahora que ha explorado sus propios pensamientos, me gustaría compartir los míos con usted. Concedo que hay niños que se las arreglan para hacer caso omiso de los menosprecios que les hacen en casa y a pesar de ello se ponen a la altura de los desafíos del mundo exterior. Y concedo que hay algunos niños que en su hogar reciben un trato considerado y todavía así dudan de sus propias habilidades y rehúyen los desafíos. No obstante, parecería lógico que los niños que crecen en el seno de familias en donde se aprecian sus mejores cualidades tendrían más probabilidades de sentirse bien acerca de sí mismos, de enfrentarse a los desafíos de la vida y de fijarse metas más elevadas que quienes no tienen esa oportunidad.

Como declaró Nathaniel Branden en su libro *The Psychology of Self Esteem* (La psicología de la propia estima), "No hay un juicio de valor más importante para el hombre, ningún factor más decisivo en su desarrollo psicológico y en su motivación, que el juicio que hace de sí mismo. . . La naturaleza de su autoevaluación ejerce profundos efectos sobre los procesos de pensamiento de un hombre, sobre sus emociones, deseos, valores y metas. Es la clave individual más significativa para su conducta".

Si la propia estima de un niño es tan importante, entonces, como padres, ¿qué podemos hacer para incrementarla? Ciertamente todos los principios y habilidades de los que hemos hablado hasta ahora pueden ayudar a un niño a considerarse como una persona de valía. Cada vez que demostramos respeto hacia sus sentimientos, cada vez que le ofrecemos una oportunidad de hacer una elección, o que le brindamos una oportunidad de resolver un problema, aumentan su confianza y su propia estima.

¿De qué otra manera podemos ayudar a nuestros hijos a tener una imagen realista y positiva de ellos mismos? Ciertamente, las alabanzas parecerían ser otra parte de la respuesta, pero una alabanza puede ser un asunto muy delicado. En ocasiones la alabanza más bien intencionada puede causar reacciones inesperadas.

Vea por sí mismo si así es. En el siguiente ejercicio encontrará una descripción de cuatro situaciones hipotéticas en las cuales alguien lo alaba. Por favor lea cada una de las situaciones y anote sus reacciones a la alabanza que recibió.

Situación I: Tiene una invitada inesperada a cenar. Calienta una lata de sopa de crema de pollo, le añade un poco de pollo que le sobró y lo sirve todo sobre un arroz instantáneo.

Su invitada dice, "¡Eres una excelente cocinera!"

Su reacción interna: _____

_____

Situación II: Acaba de cambiar su suéter y sus pantalones de mezclilla y se pone un traje nuevo para asistir a una junta importante.

Un conocido se le acerca, lo mira de arriba abajo y declara, "Usted siempre viste tan bien".

Su reacción interna: _____

_____

Situación III: Está tomando un curso de educación para adultos. Después de una animada discusión en la clase, en la cual usted participa, otro alumno se acerca a decirle, "Qué mente tan brillante tienes".

Su reacción interna: _____

_____

Situación IV: Acaba de empezar a aprender a jugar tenis y por mucho que lo intenta, todavía no logra hacer ningún progreso con su saque. Por lo común, la pelota se estrella contra la red o se sale de la cancha. El día de hoy está jugando dobles con una nueva pareja y su primer saque va a caer en donde usted esperaba que lo hiciera.

Su pareja comenta: "Vaya, tienes un saque perfecto".

Su reacción interna: _____

_____

Es probable que ya haya descubierto por sí mismo algunos de los problemas inherentes de la alabanza. Junto con los sentimientos positivos, pueden surgir otras reacciones:

- La alabanza puede hacerlo dudar de quien lo alaba. ("Si cree que soy una buena cocinera, o bien está mintiendo o de lo contrario no sabe nada acerca de la buena cocina").
- La alabanza puede conducir a una negación inmediata. ("¡Siempre muy bien vestido!. . . Debió verme hace una hora").
- La alabanza puede ser amenazadora ("¿Pero qué impresión causaré en la próxima junta?")
- La alabanza puede obligarlo a concentrarse en sus puntos débiles. ("¿Una mente brillante? ¿Estás bromeando? Todavía no logro concentrarme en la suma de una columna de números").
- La alabanza puede crear ansiedad e interferir con la actividad. ("Jamás lograré volver a pegarle así a la pelota. Ahora me siento en verdad tenso").
- La alabanza también puede experimentarse como una manipulación. ("¿Qué quiere de mí esa persona?").

Recuerdo mi propia frustración siempre que trataba de alabar a mis hijos. Llegaban a enseñarme una pintura y preguntaban, "¿Es buena?"

Yo respondía, "Qué pintura más bella".

Volvían a preguntar, "Pero, ¿es *buena*?

Yo respondía, "¿Buena? ¡Ya te dije que es muy bella. . . fantástica!"

Entonces decían, "No te gusta".

Mientras más extravagantes eran mis alabanzas, menos lograba comunicarme con ellos. Jamás entendía sus reacciones.

Después de mis primeras sesiones con el doctor Ginott, empecé a comprender por qué mis hijos rechazaban mis alabanzas tan pronto como yo las pronunciaba. Me enseñó que las palabras que evalúan, bueno, bello, fantástico, hacían que mis hijos se sintieran tan incómodos como es probable que usted se haya sentido con el ejercicio que acaba de hacer. Pero lo que es más importante, aprendí de él que la alabanza útil en realidad viene en dos partes:

1. El adulto describe en forma apreciativa lo que él o ella ve o siente.
2. El niño, después de escuchar su descripción, entonces puede alabarse a sí mismo.

Recuerdo la primera vez que traté de poner en práctica esa teoría. Mi hijo de cuatro años llegó a casa del jardín de niños, me metió debajo de la nariz una página de garabatos a lápiz y me preguntó, "¿Es buena?"

Mi primera reacción fue un automático "Muy buena", pero después recordé. No, tengo que describir. Y entonces me pregunté, ¿Cómo se pueden describir unos garabatos?

Respondí, "Bueno ¡veo que dibujaste círculo, círculo, círculo. . . culebra, culebra, culebra. . . punto, punto, punto, punto, punto, punto, punto y raya, raya!"

"¡Claro!", asintió entusiasmado.

Le pregunté, "¿Cómo se te ocurrió hacer esto?"

Se quedó pensando un momento. "Porque soy un artista", replicó.

Pensé, "Es un proceso notable. El adulto describe y el niño en verdad se alaba a sí mismo".

En la siguiente página encontrará algunos ejemplos más de cómo funciona la alabanza descriptiva.

LA ALABANZA DESCRIPTIVA.

En vez de evaluar   *describa lo que ve o lo que siente.*

Describa

Describa

Debo confesar que al principio dudaba de este nuevo método de alabar. Aun cuando me había dado resultado una vez, el solo pensamiento de tener que cambiar a un estilo descriptivo de alabar me irritaba. ¿Por qué debería renunciar a las palabras "Grandioso... maravilloso... fantástico", que me salían de una manera tan natural, y encontrar otra forma de expresar mi honesto entusiasmo?

Pero en cualquier forma lo intenté, obedientemente al principio, pero después de algún tiempo empecé a observar que los niños en verdad habían empezado a alabarse a sí mismos. Por ejemplo:

YO: *(en vez de, "Jill, eres fantástica")*. Calculaste que las latas de elote que están de oferta... las de tres por mil pesos... en realidad son más caras que las marcas que no están de oferta. Estoy impresionada.

JILL: *(con una mueca de satisfacción)*. Es que soy "muy lista".

YO: *(en vez de, "Andy, eres fantástico")*. El mensaje que tomaste de la señora Vecchio en verdad era muy complicado. Y lo escribiste con tanta claridad que supe exactamente por qué pospusieron la junta, a quien tenía que llamar y qué debía decir.

ANDY: Claro, soy un niño en quien se puede confiar.

No había duda de ello. Los niños cada vez estaban más conscientes de sus puntos fuertes y los apreciaban; tan sólo eso fue un incentivo para que yo siguiera haciendo un esfuerzo. Y era un esfuerzo. Es mucho más sencillo decir "maravilloso" acerca de algo, que en verdad analizarlo y experimentarlo, y después describirlo en todos sus detalles.

En el siguiente ejercicio tendrá una oportunidad de practicar el uso de la alabanza descriptiva. A medida que lea cada una de las situaciones, tómese el tiempo para imaginarse mentalmente qué es lo que su hijo ha hecho. Después describa, en todos sus detalles, lo que usted ve o lo que siente.

Situación I: Una niña pequeña acaba de vestirse sola por vez primera. Se para frente a usted, esperando que se dé cuenta.

Alabanza inútil: _____

_____

Alabanza describiendo en detalle lo que usted ve o siente:

_____

_____

¿Qué podría decir la niña para sí misma? _____

_____

Situación II: La han invitado a ver a su hijo actuar en una obra en la escuela. Él o ella representa el papel del rey, de la reina o de la bruja (elija un papel). Después de la representación, su pequeño hijo o hija llega corriendo a su lado y le pregunta, "¿Estuve bien?"

Alabanza inútil: _____

_____

Alabanza describiendo en detalle lo que usted ve o siente:

_____

_____

¿Qué podría decir el niño para sí mismo? _____

_____

Situación III: Usted observa que el trabajo de su hijo en la escuela está mejorando en cierta forma. Sus composiciones ahora tienen márgenes. Ha estado ejercitándose en su vocabulario hasta aprenderse las palabras. Terminó su último informe con un día de anticipación.

Alabanza inútil: _____

_____

Alabanza describiendo en detalle lo que usted ve o siente:

_____

_____

¿Qué podría decir el niño para sí mismo? _____

_____

Situación IV: Ha estado enferma en cama durante varios días. Su hija le ha dibujado una tarjeta deseándole que se alivie y la ha decorado con globos y corazones. Se la entrega y espera su reacción.

Alabanza inútil: _____

_____

Alabanza describiendo en detalle lo que usted ve o siente:

_____

_____

¿Qué podría decir la niña para sí misma? _____

_____

Una vez que haya terminado este ejercicio, es probable que ahora comprenda con mayor claridad cómo perciben los niños las alabanzas que hacen una evaluación:

- "Eres un buen niño."
- "Eres un gran actor."
- "Al fin te estás convirtiendo en un excelente estudiante."
- "Eres tan considerada."

Es probable que también ahora comprenda con claridad cómo se siente cuando escuchan una alabanza que describe sus logros:

- "Veo que te pusiste la camiseta con la etiqueta en la espalda; te abrochaste los pantalones; te pusiste unos calcetines que hacen juego; y te ataste las cintas de los zapatos. ¡Cuántas cosas diferentes hiciste!"
- "¡Fuiste una reina tan majestuosa! Estuviste erguida y cuando pronunciaste tu gran discurso, tu voz inundó el auditorio."
- "Me parece que estás haciendo un esfuerzo adicional en tus

trabajos durante estos últimos días. Veo que tus composiciones tienen márgenes; terminas tus informes con anticipación; y has encontrado una forma de aprender tú solo el vocabulario."

- "Me encantan estos globos amarillos y los corazones rojos. Me han animado mucho; ahora ya me siento mejor, por el solo hecho de verlos."

Hay otra forma de usar la alabanza que también emplea la descripción. En este caso, los elementos adicionales son que le añadimos a la descripción una o dos palabras que resumen la conducta digna de alabanza del niño.

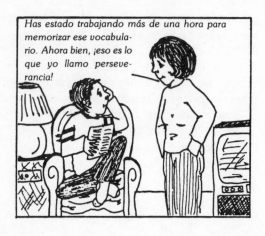

Para su propia práctica, complete la frase escribiendo la palabra o palabras faltantes en los dibujos que aparecen en esta página.

1.

Sólo comiste una pequeña rebanada de pastel, a pesar de que te gusta mucho. Para eso realmente se requiere _____.

2. **3.**

Ya estabas listo para asistir a ese concierto. Sin embargo, cuando se canceló, rápidamente hiciste otros planes. Ahora bien, eso es lo que yo llamo ser _____.

Te pusiste de parte de tu amigo a pesar de que los demás niños se burlaron de él. Eso es _____.

Algunas posibles formas de completar la frase en el:

- Dibujo 1. "Determinación", "fuerza de voluntad" o "control de uno mismo".
- Dibujo 2. "Flexible", "inventivo" o "adaptable".
- Dibujo 3. "Amistad", "lealtad" o "valor".

No hay nada de sagrado en ninguna de las palabras antes mencionadas; y una vez más, no hay respuestas correctas o incorrectas. Lo importante es encontrar una palabra que le diga a un pequeño algo acerca de sí mismo y que quizá no sabía antes, darle una nueva instantánea verbal de sí mismo.

Lo que más me agrada en lo personal de esta forma de alabar es que es "factible". Es cuestión de ver realmente, de escuchar realmente, de observar realmente y después decir en voz alta lo que usted ve y lo que siente.

Nos preguntamos cómo es posible que un proceso tan sencillo pueda tener un efecto tan profundo. Y no obstante, día tras día, basándose en nuestras pequeñas descripciones, nuestros hijos aprenden cuáles son sus puntos fuertes: una niña descubre que puede encargarse de asear una recámara desordenada y convertirla en una limpia y ordenada; que puede hacer un regalo que es útil y que causa placer; que puede atraer la atención de un auditorio, que puede escribir un poema conmovedor; que es capaz de ser puntual, de ejercer su fuerza de voluntad, de demostrar iniciativa e ingenio. Todo eso va a parar a su banco emocional y nadie se lo puede quitar. Usted puede quitarle lo de "buen niño" llamándolo "niño malo" al día siguiente; pero jamás podrá quitarle ese momento en que animó a su madre con una tarjeta deseándole que se recupere, o el momento en que se dedicó a su trabajo, perseverando a pesar de estar muy cansado.

Esos momentos, en los cuales se afirma lo mejor de él mismo, se convierten en piedras de toque vitalicias a las cuales el niño puede recurrir en los momentos de duda o de desaliento. En el pasado hizo algo de lo cual se sintió orgulloso; en su interior encontrará la fuerza para volver a hacerlo.

TAREA

1. Una cualidad que me agrada en mi hijo es:

_____

_____

2. Algo que él o ella hicieron recientemente, pero que yo nunca mencioné, es:

_____

_____

3. ¿Qué podría decir para demostrarle mi aprecio (a él o a ella) empleando las habilidades de la alabanza descriptiva?

_____

_____

4. Lea la Segunda Parte de La alabanza.

La alabanza y la propia estima

En vez de evaluar, describa

1. DESCRIBA LO QUE VE.

   "Veo un piso limpio, una cama bien hecha y unos libros muy bien ordenados en el anaquel."

2. DESCRIBA LO QUE SIENTE.

   "¡Es un placer entrar a esta recámara!"

3. RESUMA EN UNA PALABRA LA CONDUCTA DIGNA DE ALABANZA DEL NIÑO.

   "Veo que ordenaste en grupos tus lápices, tus crayones y tus plumas y los guardaste en cajas separadas. ¡A eso es a lo que yo le llamo *organización*!"

A menudo hemos observado que los padres que asisten a nuestros grupos comentan entusiasmados entre ellos mismos acerca de algo que acaba de hacer alguno de sus hijos:

- "Desde hace tres días Donny ha estado poniendo su despertador y levantándose solo por las mañanas. Me alegro tanto de ya no estar involucrado en eso."
- "Recientemente, Lisa ha estado llamando por teléfono a casa cuando sabe que va a llegar tarde. ¡No puedo decirles lo mucho que la aprecio!"

Cuando les preguntamos a esos padres si sus hijos estaban conscientes de su reconocimiento, a menudo se quedaban con una expresión en blanco.

Según parece, la alabanza por una conducta útil no es algo que surge fácilmente; la mayoría de nosotros nos apresuramos a criticar, pero somos lentos con las alabanzas. Como padres, tenemos la responsabilidad de invertir este orden; la propia estima de nuestros hijos es demasiado valiosa para dejarla al azar o para confiarla en manos de extraños. Quizá usted mismo ha observado que el mundo exterior no parece tener la menor prisa para ofrecer una alabanza. ¿Cuándo fue la última vez que el conductor de otro automóvil le dijo, "Gracias por ocupar sólo un espacio para estacionarse; ahora hay espacio para estacionar mi automóvil"? Nuestros esfuerzos por cooperar son algo que se da por sentado; un paso en falso y la condena surge de inmediato.

Seamos diferentes en nuestros hogares. Debemos darnos cuenta de que además del alimento, un techo y ropa, tenemos otra obligación con nuestros hijos, la de afirmar sus "virtudes". Todo el mundo les indicará lo que hay de malo con ellos, en voz alta y a menudo. Nuestra labor es hacerles saber a nuestros hijos las cosas buenas que hay en ellos.

Algunas advertencias acerca de la alabanza

1. *Asegúrese de que su alabanza sea apropiada para la edad y el*

nivel de habilidad de su hijo. Cuando a un niño pequeño se le comenta con placer, "Veo que te estás cepillando los dientes todos los días", experimenta un gran orgullo por su logro. Si le hiciera el mismo comentario a un adolescente, podría sentirse insultado.

2. *Evite la clase de alabanza que sugiere pasadas debilidades o pasados fracasos:*
   - "Muy bien, ¡al fin tocaste esa pieza de música en la forma en que debe tocarse!"
   - "Luces muy bien el día de hoy. ¿Qué te hiciste?"
   - "Jamás pensé que aprobarías ese curso, ¡pero lo hiciste!"

Siempre es posible expresar de otra manera su alabanza, de modo que se concentre en el punto fuerte actual del niño:
   - "En verdad me agrada la forma en que mantienes un compás vigoroso y rítmico en esa pieza."
   - "Es un placer contemplarte."
   - "Sé que te esforzaste mucho por aprobar ese curso."

3. *Esté consciente de que el excesivo entusiasmo puede interferir con el deseo de una niña de lograr algo por sí sola.* A veces la continua emoción o el intenso placer de los padres por las actividades de sus hijos pueden convertirse en algo que la niña experimenta como una presión. Una personita que todos los días recibe dosis de "¡Eres una pianista tan dotada! Deberías estar tocando en el Carnegie Hall", puede pensar para sí misma, "Ellos desean eso para mí más de lo que yo misma lo deseo."

4. *Esté preparado para una buena dosis de repeticiones de la misma actividad cuando describa en forma apreciativa lo que hace un niño.* Si no quiere que toque su silbato cinco veces más, entonces absténgase de decir, "¡Vaya si sabes hacer ruido con ese silbato!" Si no quiere que su hija se suba hasta lo más alto del laberinto de gimnasia, no le comente, "Vaya si sabes usar tus músculos para trepar." No hay duda de ello, la alabanza invita a la repetición y a un gran flujo de esfuerzo. Es un material muy potente, úselo en forma selectiva.

1. Estoy aprendiendo a alabar en una forma diferente, pero en ocasiones me olvido y de mis labios se deslizan lo "grandioso" o "fantástico". ¿Qué puedo hacer?

Por favor, permítase la expresión de su reacción inicial. Si está experimentando un genuino entusiasmo y se encuentra exclamando, "¡Grandioso!", la niña percibirá el entusiasmo en su voz y lo experimentará como una expresión de lo que usted siente. Sin embargo, siempre podrá enriquecer su reacción inicial con la clase de descripción que le ayuda a un niño a saber el grado de su aprecio: "Vaya, estaba tan cansado después de un largo día en el trabajo, y he aquí que llego a casa para encontrarme todo el patio limpio y todas las cajas de hojas secas bien atadas y frente a la casa. ¡Me siento como si acabaran de hacerme un regalo!"

Con una pequeña descripción específica, usted acaba de mejorar su comentario de "Grandioso".

2. ¿Cómo alabar a un niño que al fin hizo lo que debió hacer todo el tiempo?

Mi hijo mayor por lo común se comporta de una manera tan detestable cuando salimos a pasear en familia que todos nos sentimos molestos. La semana pasada su comportamiento fue maravilloso. No quería decirle que era un niño "bueno" o que "al fin había empezado a actuar como un ser humano" y, no obstante, sí quería expresar algún reconocimiento por su conducta. ¿Cómo podría haberlo hecho sin humillarlo?

Siempre estará en terreno seguro al hacerle a un niño un comentario descriptivo acerca de lo que usted siente. Puede decirle, "El día de hoy disfruté especialmente de nuestra salida".

Él sabrá por qué.

3. ¿Está bien alabar a un niño diciendo, "Me siento orgulloso de ti?"

Suponga que usted ha estudiado durante una semana para un examen importante y difícil. Cuando recibe la calificación, descubre que no sólo aprobó, sino que tuvo un excelente desempeño. Cuando llamó por teléfono a una amiga para darle la buena noticia, ella exclamó, "¡Me siento tan orgullosa de ti!"

¿Cuál es su reacción? Pensamos que quizá sintió que de alguna manera tuvo la impresión de que el énfasis había cambiado de su propio logro al sentimiento de orgullo de su amiga. Es muy probable que habría preferido escuchar un comentario como, "¡Qué triunfo! ¡Debes estar tan orgullosa de ti misma!"

4. **La semana pasada, cuando mi hijo ganó un premio de natación, le comenté, "Esto no me sorprende; todo el tiempo he sabido que podías hacerlo". Se me quedó mirando de una manera muy extraña. Creí que estaba fomentando su confianza; ¿dije algo malo?**

Cuando un padre declara, "siempre he sabido que podías hacerlo", le está concediendo el crédito a su propia omnisciencia y no a los logros de su hijo. El niño incluso podría pensar, "¿Cómo es posible que mi padre supiera que yo ganaría? Yo no lo sabía".

Al niño le sería más útil escuchar la descripción de su logro, "¡Ese premio representa meses de práctica y una buena dosis de determinación!"

5. **Mi hijo escucha de mí muchas alabanzas y, sin embargo, todavía tiene miedo de enfrentarse a un fracaso. Se desmoraliza por completo si algo que trata de hacer no resulta bien. ¿Hay algo que yo pueda hacer?**

Hay un buen número de formas en las cuales usted podría serle útil:

1. *Cuando esté alterado, no le reste importancia a su aflicción.* ("No hay nada por qué alterarse"). En vez de ello, discuta con toda franqueza lo que usted cree que el niño está sintiendo.

"¡Es de lo más frustrante trabajar durante tanto tiempo en un proyecto y ver que no resulta como se quería!"

Cuando usted comprende su frustración, un niño tiende a relajarse interiormente.

2. *Es útil el que un padre sea capaz de aceptar los errores de su hijo y considerarlos como una parte importante del proceso de aprendizaje.*

Incluso puede comentarse que un error puede ser un descubrimiento. Puede decirle a quien lo comete algo que nunca antes había sabido:

"Descubriste que un huevo tibio puede convertirse en un huevo cocido por el solo hecho de dejarlo en agua caliente".

3. *También es útil el que los padres sean capaces de aceptar sus propios errores.*

Cuando los padres "se atacan" a sí mismos ("Volví a olvidar mis llaves. ¿Qué es lo que me está pasando? ¡Fue algo de lo más tonto! ¿Cómo pude ser tan estúpido? ¡Jamás aprenderé!") los niños concluyen que ésa es la forma adecuada de tratarse a sí mismos cuando son *ellos* los que cometen errores.

En vez de ello, debemos proporcionarles a nuestros hijos un modelo más humano, orientado a una solución. Cuando hacemos algo que desearíamos no haber hecho, debemos aprovechar la oportunidad de decirnos en voz alta a nosotros mismos:

"¡Qué fastidio, quisiera no haber olvidado la llave. . . Es la segunda vez. . . ¿Qué puedo hacer para asegurarme de que no vuelva a suceder?. . . Ya sé, mandaré hacer un duplicado y lo guardaré en un lugar secreto".

Si somos amables con nosotros mismos, les enseñamos a nuestros hijos a ser amables con ellos mismos.

Cuando los padres alaban

Una noche, varios padres hablaban de lo fácil que resulta aceptar como algo natural el buen comportamiento de un niño y del esfuerzo que se requiere para hacer un comentario apreciativo. Decidieron asignarse ellos mismos la tarea de buscar activamente y comentar cualquier cosa positiva que hicieran sus hijos, en vez de dejar que pasara desapercibida. Una madre hizo la siguiente lista de cosas que normalmente jamás le habría mencionado a su hijo de cinco años:

- Esta semana Paul aprendió la palabra "evaporación" y su concepto.
- Jugó con delicadeza con un bebé de siete meses.
- Me concedió una poca de intimidad y silencio después de decirle lo mucho que yo lo necesitaba.
- Expresó su cólera en palabras.

Otra madre nos comentó:

El día de ayer Joshua (de tres años nueve meses de edad) quería que le leyera una historia cuando estábamos a punto de salir. Cuando le respondí que no tenía tiempo para leérsela, porque teníamos que salir, replicó, "No quise decir que me leyeras *antes* de salir; quise decir *después* de regresar a casa".

Le comenté, "Joshua, ¡en verdad conoces la diferencia entre antes y después!"

Joshua respondió orgulloso, "¡Sí!" Después se quedó pensando un momento y declaró, "¡Y también sé cuándo quiero una galleta; antes de la cena!".

He aquí otro ejemplo de un padre que decidió empezar a ratificar los puntos fuertes de su hija de siete años. Una mañana le comentó:

"Veo a una niña que se levanta sola por la mañana, se desayuna, se lava y se viste y está lista a tiempo para irse a la escuela. Pues bien, ¡eso es lo que yo llamo tener confianza en sí misma".

Unos días después, cuando la pequeña se estaba cepillando los dientes, llamó a su padre y le señaló su boca. "Pues bien, ¡eso es lo que yo llamo unos dientes limpios!", declaró.

Varios padres también empezaron a observar la frecuencia con que las alabanzas parecían motivar a sus hijos a querer ser más cooperativos, a trabajar más arduamente que nunca. He aquí sus experiencias:

Mi esposo y yo queríamos dormir tarde un domingo por la mañana y nuestros dos hijos no fueron a despertarnos como de costumbre. Cuando desperté fui en su busca y les comenté,

"Brynn (mi hija de seis años), debió resultarte difícil no entrar a la recámara de papá y mamá. ¡Eso requirió mucha fuerza de voluntad!"

Brynn me respondió, "¡Ya sé lo que es fuerza de voluntad! Quiere decir cuando deseas despertar a papá y a mamá y sabes que no debes hacerlo; de manera que no lo haces.

"¡Y ahora voy a poner la mesa y a preparar el desayuno!" Y lo hizo.

* * *

Michael me llamó para enseñarme que por vez primera había hecho su cama; saltaba emocionado por todas partes. No tuve corazón para decirle que la colcha no cubría las almohadas ni que uno de los lados arrastraba por el suelo y el otro había quedado corto. Sólo le comenté, "¡Vaya, lograste que la colcha cubriera la mayor parte de la cama!"

A la mañana siguiente volvió a llamarme y me comentó, "Ves, logré que también cubriera la almohada. ¡Y dejé los lados iguales!"

Para mí fue algo sorprendente. Siempre pensé que para que un niño mejorara, era necesario señalarle lo que hacía mal; pero al comentarle a Michael lo que había hecho bien, parecía experimentar el deseo de mejorar por sí solo.

* * *

Me molestaba que Hans nunca tomara la iniciativa para desempeñar ningún trabajo en la casa. A los nueve años de edad, creí que debería asumir más responsabilidades.

El martes por la noche le pedí que pusiera la mesa. Por lo común, necesita un constante estímulo para terminar una tarea, pero esta vez lo hizo todo sin necesidad de recordatorios. Le comenté a mi esposo, al alcance del oído de Hans, "Frank, ¿ya viste lo que hizo Hans? Sacó los manteles individuales, los platos, la ensaladera, las servilletas, la cuchillería ¡e incluso se acordó de tu cerveza! Eso es en verdad asumir la plena responsabilidad". No hubo ninguna reacción aparente de Hans.

Poco después, cuando subí a acostar a mi hijo menor, le pedí a Hans que subiera en quince minutos, a lo cual respondió, "De acuerdo".

Quince minutos después había subido y estaba acostado. Le comenté, "Te pedí que subieras a acostarte en quince minutos y aquí estás. . . exactamente a tiempo. A eso le llamo ser una persona que sabe cumplir su palabra". Hans sonrió.

Al siguiente día Hans entró a la cocina antes de la cena y declaró, "Mamá, vine a poner la mesa".

Me quedé estupefacta. Le dije, "Viniste antes de que te llamara. ¡En verdad te lo agradezco!"

Desde entonces he estado observando algunos ejemplos dispersos de un cambio. Una mañana hizo su cama sin que se lo pidiera, otra mañana se vistió antes de desayunar. Me parece que mientras más busco lo mejor en él, más sencillo le resulta ser mejor.

* * *

Acostumbraba operar de acuerdo con el sistema de recompensas. Siempre que me preocupaba porque Melissa no se comportara bien, le decía, "Si eres buena, te compraré un helado o un juguete nuevo, o cualquier cosa". Melissa se portaba bien esa vez, pero para la siguiente ocasión tenía que prometerle otra recompensa.

Recientemente dejé de decirle, "Si eres buena, te. . .". En vez de ello le decía, "Melissa, me ayudarías mucho si. . .". Y cuando hace algo útil, trato de describírselo.

Por ejemplo, la semana pasada le comenté que me ayudaría si hacía que sus abuelos se sintieran bienvenidos cuando vinieran de visita. Cuando llegaron el domingo, su comportamiento con ellos fue maravilloso y cuando se fueron, le comenté, "Melissa, hiciste tan felices a tus abuelitos cuando estuvieron aquí. Les contaste chistes, les ofreciste dulces de los que te obsequiaron la víspera de Todos Santos y les enseñaste tu colección de envolturas de chicle. ¡Eso es lo que yo llamo hospitalidad!" Melissa se veía rebosante de alegría.

Con la antigua costumbre, se sentía bien sólo en ese momento, porque recibía una recompensa. Con esta nueva forma de hacer las cosas, se siente bien acerca de sí misma como persona.

A menudo, los niños pueden aprovechar una alabanza justo en los momentos mismos en que tenemos menos probabilidades de alabarlos, cuando *no* se están portando especialmente bien. En los dos ejemplos siguientes verán a unos padres alabando bajo circunstancias difíciles:

El año pasado (en tercer año) la caligrafía de Lisa era pésima y su maestra me lo mencionó. Me sentí como si me hubiera criticado a mí. Empecé a comentarle a Lisa todas las noches lo descuidados que eran sus deberes escolares y lo mal hechas que eran sus letras.

Algunos meses después, Lisa le escribió una nota a su maestra diciéndole que la quería mucho. La nota no estaba firmada. Cuando le mencioné a Lisa que se había olvidado de firmarla, respondió, ''La maestra sabrá que es mía, por la mala caligrafía''.

¡El corazón se me cayó hasta los talones! La pequeña lo había dicho en un tono desapasionado, porque había aceptado el hecho de que su caligrafía era mala y no había nada qué hacer.

Después de leer Padres liberados/Hijos liberados, empecé de nueva cuenta. Cada noche le pedía a Lisa que me enseñara su tarea y en vez de criticarla, descubría una frase clara, o una palabra, o por lo menos una letra bien hecha y se lo comentaba. Después de algunos meses de no criticarla y de algunas merecidas alabanzas, ¡su caligrafía ha mejorado en un 100 por ciento!

* * *

Fue uno de esos días en que me alegré de cualquier habilidad que conociera. Manejaba de regreso a casa con mis hijos, de dos, seis y nueve años. Jennifer, mi hija de seis años, decidió abrir un gran tazón de plástico lleno de palomitas de maíz que, por supuesto, regó por todo el automóvil. Por mi confuso cerebro cruzaron miles de reacciones: ''Niña golosa. . . no podías esperar hasta que llegáramos a casa. . . ¡ahora mira lo que has hecho!''.

En vez de eso, simplemente describí el problema en un tono de voz desapasionado, diciendo, ''Hay palomitas de maíz en todo el coche; eso necesita una aspiradora''.

Cuando llegamos a casa, Jennifer entró de inmediato a sacar la aspiradora de mi recámara. Sin embargo, las cosas no siempre resultan bien. Cuando Jennifer sacó la aspiradora, derribó una planta y la tierra se esparció por toda mi recámara. Era demasiado para que una pequeña de seis años pudiera controlarlo; estalló en lágrimas de histeria.

Por un momento no supe qué hacer, pero después traté de reflejar sus sentimientos: "¡Esto es demasiado!". . . ¡Qué frustrante!", etcétera. Al fin se tranquilizó lo suficiente para enfrentarse a la tarea de limpiar el coche, pero el pensamiento de la recámara seguía siendo demasiado para ella.

Limpió el coche y me llamó para que lo viera. En vez de evaluar su trabajo, manifesté, "Había palomitas en todo el coche y ahora ya no veo ninguna".

Se sintió tan complacida consigo misma que declaró, "Y *ahora* voy a limpiar tu recámara".

"Oh, ya veo", respondí, alegrándome interiormente.

Unos cuantos padres descubrieron que incluso era posible usar la alabanza en los momentos más improbables, cuando sus hijos hacían algo que no debían hacer. En vez de reprenderlos, los inspiraban para que se comportaran mejor recordándoles su pasada conducta digna de alabanza. He aquí el relato de una madre:

Cuando Karen me informó que había perdido su pase del metro y que creía que se le había caído del bolsillo, mi primer impulso fue regañarla por ser tan descuidada. Pero parecía tan molesta que le dije, "Pensándolo bien, Karen, conservaste tu pase durante los últimos tres y medio periodos escolares. Son muchos días de ser responsable".

Karen replicó, "Eso creo, pero a pesar de todo no volveré a arriesgarme. Cuando tenga el nuevo, lo guardaré en mi cartera".

Otro dividendo obtenido de la alabanza descriptiva fue el valor que pareció generar en algunos niños. La siguiente experiencia ilustra lo que queremos decir:

Kristin tiene ocho años de edad y hasta donde puedo recordar siempre le ha tenido miedo a la oscuridad. Saltaba de la cama una decena de veces después de que la mandábamos a dormir para ir al baño, para tomar agua o sólo para asegurarse de que estábamos allí.

La semana pasada llegaron sus calificaciones; estaban llenas de alabanzas. Pasó todo el día admirándolas y leyéndolas para sí misma una y otra vez. Justo antes de irse a dormir, me comentó, citando los comentarios de sus calificaciones, "Una niña que es responsable, que trabaja bien con los demás, que obedece las reglas, que respeta a los demás, que lee libros de cuarto año cuando apenas va en tercero. . . ¡no *debe tener miedo de lo que no está allí!*". Me voy a dormir.

Esa noche se fue a la cama y no volví a verla hasta la mañana siguiente.

No puedo esperar para ver a su maestro la Noche de Invitación a los padres a la escuela, para hacerle saber lo que sus palabras significaron para una pequeña.

* * *

Brian tiene nueve años y siempre ha sido tímido y falto de confianza. Últimamente he estado tratando de escuchar sus sentimientos, tratando de no darle consejos. . . como siempre lo hago y en vez de ello alabarlo mucho. Hace dos días sostuvimos la siguiente conversación:

BRIAN: Mamá, he estado teniendo problemas con la señora I. Siempre me está regañando y hace comentarios acerca de mí delante de toda la clase.

MAMÁ: Oh.

BRIAN: Sí, sabes, cuando me corté el cabello dijo, "Vean, muchachos, tenemos a un niño nuevo en la escuela".

MAMÁ: Hmmm.

BRIAN: Y después, cuando llevé mis pantalones nuevos a cuadros, comentó, "Oh, vean al señor Pantalones Extravagantes".

MAMÁ: (*incapaz de resistir*). ¿Crees que deberías hablar con ella?

BRIAN: Ya lo hice. Le pregunté, "¿Por qué siempre me está regañando?" Y me respondió, "Una insolencia más y te enviaré a la oficina del Director".

Mami, me siento tan deprimido, ¿qué puedo hacer?

Si voy a ver al Director y le hablo de esto, no me la quitaré de encima.

MAMÁ: Hmmm.

BRIAN: Bueno, tal vez lo soportaré. Sólo faltan treinta días.

MAMÁ: Es verdad.

BRIAN: No, simplemente no puedo soportarlo. Creo que vale más que vayas conmigo a la escuela.

MAMÁ: Brian, creo que eres lo bastante maduro para manejar esta situación. Tengo una gran confianza en ti. Con toda seguridad harás lo correcto (*un beso y un abrazo*). Al siguiente día:

BRIAN: Mamá, me siento tan *satisfecho* de mí mismo. Fui a ver al Director y me dijo que había tenido el valor de ir a verlo, que le daba gusto al ver que yo era lo bastante firme para hacerlo y que se alegraba al ver que yo tenía un buen concepto de él, para compartir con él mi problema. ¡Sabes, después de todo, para eso está allí!

MAMÁ: ¡Manejaste la situación sin ayuda de nadie!

BRIAN: (*pareciendo diez centímetros más alto*). ¡Así es!

Este ejemplo final muestra los efectos inspirativos de las alabanzas decriptivas de un entrenador a un equipo de jóvenes jugadores de fútbol. Después de cada partido, cada uno de los miembros del equipo, de seis y siete años de edad, recibía una carta de él. He aquí algunos fragmentos de tres de esas cartas:

16 de septiembre

Queridos Tomahawks,

El domingo jugaron como un EXCELENTE EQUIPO. En la ofensiva anotamos seis goles, el máximo de cualquier partido este año. En la defensiva mantuvimos el balón en el extremo del terreno de los contrarios durante todo el partido y metieron su único gol cuando ya nadie dudaba del resultado del juego.

La práctica tendrá lugar el sábado, en el Campo Willets, de 10.00 a 11.15 a.m. Los veré entonces.

Sinceramente,
Bob Gordon
Entrenador

Queridos Tomahawks:

¡Qué partido! ¡Qué equipo!

Nuestra defensa "naranja" no sólo derrotó a uno de los equipos que mejor han calificado en la liga, sino que también les impidieron meter un gol. Nuestro ataque en la ofensiva estuvo muy bien equilibrado y cinco jugadores metieron gol. Y lo que es más importante, muchos de esos goles fueron el resultado de sus buenos pases y de jugar en una buena posición. Esta victoria en verdad fue una victoria de equipo y todos hicieron importantes contribuciones.

Todavía estamos en segundo lugar, un punto atrás de los Poncas, cuando faltan dos partidos. Sin embargo, no importa en qué lugar terminemos, todos pueden sentirse orgullosos de la forma en que jugaron esta temporada.

Tendremos nuestra práctica acostumbrada el sábado en el Campo Willets, de 10.00 a 11.15 a.m.

Los veré allí.

Sinceramente,
Bob Gordon
Entrenador

18 de noviembre

Queridos CAMPEONES:

Los partidos de este fin de semana fueron los más emocionantes que jamás he visto. Durante todo el año, los Tomahawks han demostrado su excelente ofensiva y su magnífica defensa. Este fin de semana demostraron su gran corazón y su espíritu de lucha. A pesar de que el tiempo parecía acabarse, nunca se dieron por vencidos y obtuvieron una muy merecida y emocionante victoria.

Felicitaciones a todos: son campeones, todos y cada uno de ustedes.

Sinceramente,
Bob Gordon
Entrenador

6 | Cómo liberar a los niños de la representación de papeles

Recuerdo el momento en que nació mi hijo David. Habían transcurrido cinco segundos y todavía no respiraba. La enfermera le dio una palmada en la espalda. No hubo ninguna reacción. Me sentía aterrorizada; la tensión era insoportable. Después la enfermera comentó, "¡Es un pequeño obstinado!" todavía no había ninguna reacción. Un momento después al fin lloró. . . ese penetrante llanto del recién nacido; mi alivio fue indescriptible. Pero poco después, ese mismo día, me sorprendí preguntándome, "¿En verdad es obstinado?" para el momento en que lo llevé a casa al salir del hospital, ya había puesto en su lugar el comentario de la enfermera. . . unas palabras tontas de una mujer tonta. Imagínense, ¡calificar de esa manera a un bebé de menos de medio minuto de nacido!

Y no obstante, durante los siguientes años, cada vez que seguía llorando sin importar lo mucho que lo acariciara o lo meciera, cuando no quería probar un nuevo alimento, cuando se rehusaba a dormir la siesta, cuando se negaba a subirse al camión para ir al jardín de niños, cuando no quería ponerse el suéter en un día frío, por mi mente cruzaba el pensamiento, "La enfermera tenía razón. Es un niño obstinado".

Debí saber que las cosas no son así. Todos los cursos de psicología que había tomado me habían advertido acerca de los peligros de la realización de las profecías. Si usted califica a un niño diciendo que es lento para aprender, él empezará a considerarse como un niño de lento aprendizaje. Si califica a un niño de travieso, es muy probable que empiece a demostrarle lo travieso que puede ser. Clasificar a un niño era algo que debía evitarse a toda costa. Estaba completamente de acuerdo; sin embargo, no podía dejar de pensar en David como en un "niño obstinado".

El único consuelo que me quedaba era saber que no estaba sola. Cuando menos una vez a la semana, en alguna parte escuchaba a un padre o a una madre comentar algo parecido a:

- "Mi hijo problema es el mayor; el pequeño es un deleite."
- "Bobby es un pendenciero nato."
- "Billy es un pelele; cualquiera puede aprovecharse de él."
- "Michael es el abogado de la familia; tiene una respuesta para todo."
- "Ya no sé qué darle de comer a Julie; es tan melindrosa con la comida."
- "Es un desperdicio de dinero comprarle cualquier cosa a Richie; destruye todo lo que cae en sus manos. Ese niño es simplemente destructivo."

Acostumbraba preguntarme para empezar, cómo era que habían adquirido esos niños sus etiquetas. Ahora, después de años de escuchar lo que sucede en el seno de las familias, me doy cuenta de que el hecho de estereotipar al niño en un papel es algo que puede iniciarse de la manera más inocente. Por ejemplo, una mañana Mary le pide a su hermano, "Búscame mis anteojos".

El hermano responde, "Búscalos tú y deja de mandarme".

Poco despúes, la niña le dice a su madre, "Cepíllame el cabello y asegúrate de quitarme todos los nudos". La madre replica, "Mary, has vuelto a empezar a ser muy mandona".

Todavía después, le pide a su padre, "no hables ahora; estoy oyendo mi disco". Papá responde, "¡Escuchen a la gran jefe!"

Y poco a poco, la niña que ha estado escuchando ese calificativo empieza a representar el papel. Después de todo, si todos le dicen mandona, eso es lo que debe ser.

Quizá usted se pregunte, "¿Está bien pensar que una hija es mandona, siempre y cuando no la llamemos por ese nombre?" Es una pregunta muy importante. ¿Es posible que incluso la forma en que un padre piensa de su hija afecte su manera de pensar acerca de sí misma? A fin de aclarar un poco más la relación entre la forma en que los padres ven a sus hijos y la forma en que ellos se ven a sí mismos, hagamos ahora el siguiente experimento. A medida que lea las tres escenas siguientes, imagínese que usted es el niño en cada una de ellas.

Escena I: Usted tiene alrededor de ocho años de edad. Una noche entra a la sala de su casa y encuentra a sus padres ocupados con un gran rompecabezas. Tan pronto como ve lo que están haciendo, les pregunta si puede hacer con ellos el rompecabezas.

Su madre pregunta, "¿Ya hiciste tu tarea? ¿Pudiste entender todo?"

Usted responde, "Sí" y vuelve a preguntar si puede ayudar con el rompecabezas.

Su madre repite, "¿Estás seguro de que entendiste bien toda tu tarea?"

Su padre declara, "Dentro de un rato repasaré contigo las matemáticas".

Usted vuelve a preguntar una vez más.

Su padre dice, "Observa con cuidado cómo hacemos el rompecabezas mamá y yo y después te dejaremos que veas si puedes colocar una pieza".

Cuando usted está a punto de colocar una pieza en su lugar, mamá exclama, "No, querido. ¿No ves que esa pieza tiene un borde recto? ¡Cómo puedes poner un borde recto en medio de un rompecabezas!" Y suspira apesadumbrada.

¿Cómo lo ven sus padres? _____

_____

¿Cómo lo hace sentir la opinión que tienen de usted? _____

_____

Escena II: La misma. Usted entra a la sala y encuentra a sus padres trabajando en el rompecabezas. Les pregunta si puede unirse a ellos.

Su madre pregunta, "¿No tienes otra cosa qué hacer? ¿Por qué no ves televisión?"

Su mirada detecta de pronto una pieza para la chimenea del rompecabezas y estira la mano para tomarla.

Su madre advierte, "¡Ten cuidado! Arruinarás lo que ya hemos hecho".

Su padre pregunta, "¿Es que nunca podemos tener un momento de tranquilidad?"

Usted dice, "¡Por favor, sólo esta pieza!"

Su padre comenta, "Nunca te das por vencido, ¿verdad?"

Su madre añade, "De acuerdo, *una* pieza, ¡pero eso es todo!"
Mira a papá, mueve la cabeza y pone los ojos en blanco.

¿Cómo lo ven sus padres? _____

_____

¿Cómo lo hace sentir la opinión que tienen de usted? _____

_____

Escena III. La misma. Cuando ve a sus padres ocupados con el rompecabezas, se acerca para verlo.

Pregunta, "¿Puedo ayudar?"

Su madre asiente, "Por supuesto, si quieres".

Su padre le indica, "Acerca una silla".

Usted ve una pieza que está seguro de que es parte de la nube y trata de colocarla en su lugar, pero no ajusta.

Mamá exclama, "¡Casi!"

Papá le indica, "Las piezas con bordes rectos, por lo general, van en la orilla".

Sus padres siguen trabajando en el rompecabezas. Usted estudia el grabado durante algún tiempo. Al fin encuentra el lugar apropiado para su pieza.

Usted exclama, "¡Vean, sí quedó!"

Su madre sonríe.

Su padre le dice, "Fuiste persistente con esa pieza".

¿Cómo lo ven sus padres? _____

_____

¿Cómo lo hace sentir la opinión que tienen de usted? _____

_____

¿Se sorprendió al ver la forma tan fácil como captó el mensaje de cómo lo veían sus padres? A veces no se necesita más que unas cuantas palabras, una mirada o un tono de voz para decirle

222

que usted es "lento y tonto", "una plaga" o una persona básicamente agradable y capaz. Lo que sus padres piensan de usted a menudo puede comunicarse en cuestión de segundos. Si multiplica esos segundos por las horas de contacto cotidiano entre padres e hijos, empieza a darse cuenta de la manera tan poderosa en que influye en los niños la forma en que sus padres piensan de ellos. No sólo se afectan sus sentimientos acerca de sí mismos, sino también su conducta.

Cuando estaba haciendo este ejercicio y sus padres pensaron que era "lento", ¿empezó a sentir que desaparecía su confianza? ¿Trataría siquiera de colocar algunas piezas más del rompecabezas? ¿Se sintió frustrado cuando no fue tan rápido como sus padres? ¿Se dijo para sí mismo, "Para qué intentarlo siquiera"?

Cuando lo consideraron como un "estorbo", ¿pensó que debería hacer valer sus derechos para que no lo hicieran a un lado? ¿Se sintió rechazado y derrotado? ¿O se sintió encolerizado, con ganas de desbaratar su estúpido rompecabezas y desquitarse de ellos?

Cuando lo consideraron como una persona básicamente agradable y competente, ¿sintió que podía comportarse de una manera agradable y competente? Si cometió algunos errores, ¿se sentiría tentado a renunciar, o bien se diría a sí mismo que volvería a intentarlo?

Cualesquiera que hayan sido sus reacciones, podríamos concluir, sin temor a equivocarnos, que la forma en que los padres ven a sus hijos puede influir no sólo en la forma en que ellos se ven a sí mismos, sino también en su manera de comportarse.

Pero, ¿qué sucede si ya se ha estereotipado a un niño en un papel, por cualquier razón, significa eso que tiene que representar ese papel durante el resto de su vida? ¿Se encuentra atrapado en él, o puede liberarse para convertirse en cualquier cosa que sea capaz de llegar a ser?

En las siguientes páginas verá seis habilidades que puede usar cualquier padre o madre para liberar a su hijo de la representación de un papel.

Para liberar a los niños de la representación de papeles

1. Busque las oportunidades para enseñarle al niño una nueva imagen de sí mismo o de sí misma.

2. Coloque a los niños en situaciones en las cuales puedan verse a sí mismos de una manera diferente.

3. Deje que los niños alcancen a escuchar cualquier comentario positivo que usted haga acerca de ellos.

4. Modele la conducta que le gustaría ver.

5. Sea un depósito para los momentos especiales de su hijo.

6. Cuando su hijo actúe de acuerdo con el antiguo estereotipo, manifieste sus sentimientos y/o sus expectativas.

BUSQUE LAS OPORTUNIDADES PARA ENSEÑARLE AL NIÑO UNA NUEVA IMAGEN DE SÍ MISMO O DE SÍ MISMA.

Destructivo

Quejoso

Lento

Indigno de confianza

COLOQUE A LOS NIÑOS EN SITUACIONES EN LAS CUALES PUEDAN VERSE A SÍ MISMOS DE UNA MANERA DIFERENTE.

Travieso

Atolondrado.

Torpe

Glotón

DEJE QUE LOS NIÑOS ALCANCEN A ESCUCHAR CUALQUIER COMENTARIO POSITIVO QUE USTED HAGA ACERCA DE ELLOS.

Llorón

Excitable

MODELE LA CONDUCTA QUE LE GUSTARÍA VER.

Mal perdedor

Desorganizado

SEA UN DEPÓSITO PARA LOS MOMENTOS
ESPECIALES DE SU HIJO.

Falta de coordinación.

CUANDO SU HIJO ACTÚE DE ACUERDO CON EL ANTIGUO
ESTEREOTIPO, MANIFIESTE SUS SENTIMIENTOS Y/O SUS
EXPECTATIVAS.

Glotona

Quejosa

Destructivo

Mal perdedor

Las habilidades para ayudar a un niño a verse a sí mismo de una manera diferente no se limitan a las que mencionamos en este capítulo. Todas las demás que hemos comentado en este libro pueden ser útiles para mantener abierta la puerta que lleva al cambio. Por ejemplo, una madre que acostumbraba calificar a su hijo de "olvidadizo", le escribió la siguiente nota para ayudarlo a pensar en sí mismo como en una persona capaz de recordar cuando quiere hacerlo.

Querido George,

Tu maestro de música me llamó por teléfono el día de hoy para informarme que no llevaste tu trompeta a los dos últimos ensayos de la orquesta.

Confío en que encuentres la forma de recordarte a ti mismo que a partir de ahora siempre deberás llevarla.

Mamá.

Un padre decidió intentar la resolución del problema en vez de decirle pendenciero a su hijo. Le indicó, "Jason, sé lo mucho que te encolerizas cuando estás tratando de concentrarte en tu tarea y tu hermano empieza a silbar, pero los golpes están *prohibidos*. ¿En qué otra forma podrías obtener el silencio que necesitas?"

¿Le parece difícil toda esta idea de ayudar a un niño a verse de una manera diferente? No conozco ninguna otra cosa más difícil que se le pueda pedir a un padre o a una madre. Cuando un niño se comporta persistentemente de una manera a lo largo de cierto periodo, se necesita una gran moderación de nuestra parte para no reforzar la conducta negativa gritando, "¡Ya has vuelto a empezar!" Es necesario un acto de voluntad para concedernos el tiempo a fin de planear deliberadamente una campaña que libere al niño del papel que ha estado representando.

Si puede tomarse ahora el tiempo para hacerlo, pregúntese a sí mismo:

1. ¿Hay algún papel en el cual hayan estereotipado a mi hijo, ya sea en casa, en la escuela, entre sus amigos o entre sus familiares? ¿Cuál es ese papel?

2. ¿Hay algo positivo en ese papel? (Por ejemplo, el espíritu de diversión en el "travieso"; la imaginación del "soñador").

_____

_____

3. ¿Cómo le gustaría que su hijo o su hija pensaran de sí mismos? (capaces de ser responsables, capaces de encargarse de un trabajo hasta terminarlo, etcétera).

_____

_____

Al responder a estas difíciles preguntas, ya ha realizado el trabajo preliminar. Ahora le espera la verdadera campaña. Analice de nuevo las habilidades que mencionamos a continuación. Después escriba las palabras reales que podría emplear para poner en práctica cada una de esas habilidades.

A. *Busque las oportunidades para enseñarle al niño una nueva imagen de sí mismo o de sí misma.*

_____

_____

B. *Coloque a los niños en situaciones en las cuales puedan verse a sí mismos de una manera diferente.*

_____

_____

C. *Deje que los niños alcancen a escuchar cualquier comentario positivo que usted haga acerca de ellos.*

_____

_____

D. *Modele la conducta que le gustaría ver.*

_____

_____

E. *Sea un depósito para los momentos especiales de su hijo.*

_____

_____

F. *Cuando su hijo o su hija actúen de acuerdo con el antiguo estereotipo, manifieste sus sentimientos y/o sus expectativas.*

_____

_____

G. *¿Hay algunas otras habilidades en las que pueda pensar y que podrían ser efectivas?*

_____

_____

Hace muchos, años, yo hice el ejercicio que usted acaba de terminar. ¿Qué me impulsó a hacerlo? Una noche, cuando fui a recoger a David a su reunión de niños exploradores, el jefe de tropa me indicó que pasara a hablar con él a la habitación de al lado. Tenía una expresión ceñuda.

"¿Qué sucede?", le pregunté nerviosa.

"Quería hablar con usted acerca de David. Estamos teniendo algunos pequeños problemas."

"¿Problemas?"

"David se rehúsa a seguir las instrucciones."

"No comprendo. ¿En qué? ¿Se refiere al proyecto en el que está trabajando ahora?"

Trató de sonreír con paciencia. "Me refiero a *todos* los proyectos en los que hemos trabajado desde principios del año. Cuando a su hijo se le mete una idea en la cabeza, nadie se la puede quitar; tiene su manera de hacer las cosas y no escucha razones. Con toda franqueza, los demás niños ya están empezando a hartarse de él. Le quita mucho tiempo al grupo. . . ¿También es así de obstinado en su casa?"

Ni siquiera recuerdo lo que le respondí. Balbucié algo, metí a David al coche y me fui de allí a toda prisa. David guardó silencio todo el camino de regreso a casa. Encendí la radio, agradecida por no tener que hablar. Sentía como si tuviera el estómago lleno de nudos y me dolía.

Me sentía como si al fin hubieran "descubierto" a David. Durante años había estado fingiendo para mí misma, diciendo que sólo era un poco obstinado en casa, conmigo, con su padre y con su hermana y hermano. Pero ahora ya no había forma alguna de huir de la verdad. El mundo exterior acaba de confirmarme el hecho al que nunca había estado dispuesta a enfrentarme: David era rígido, obstinado, inflexible.

Transcurrieron horas antes de que pudiera conciliar el sueño; permanecí acostada, culpando a David por no ser como los demás niños y culpándome a mí misma por todas las veces que lo había llamado "mula" o "borrico obstinado". No fue sino hasta la mañana siguiente cuando al fin logré poner la opinión que el jefe de tropa tenía de mi hijo dentro de la perspectiva adecuada y entonces empecé a pensar en cómo podría serle útil a David.

Había una cosa de la cual estaba segura. Para mí era importante no unirme a los demás y presionar más a David para que siguiera representando su papel. Mi labor era buscar lo mejor en él y afirmarlo. (Si yo no lo hacía, ¿quién iba a hacerlo?) De acuerdo, era "de carácter fuerte" y "determinado". Pero también era capaz de ser receptivo y flexible. Y esa parte de su personalidad era la que necesitaba ratificarse.

Hice una lista de todas las habilidades que conocía para ayudar a un niño a verse a sí mismo de una manera diferente. Después traté de pensar en la clase de situaciones que habían hecho que David se resistiera en el pasado. ¿Qué podría decirle si volvía a suceder algo parecido? He aquí las ideas que descubrí:

A) *Busque las oportunidades para enseñarle al niño una nueva imagen de sí mismo.* "David, estuviste de acuerdo en acompañarnos a visitar a la abuela, a pesar de que en realidad querías quedarte en casa y jugar con un amigo. Eso fue una 'concesión' de tu parte."

B) *Coloque al niño en situaciones en las cuales pueda verse a sí mismo de una manera diferente.* "Según parece, cada uno de los miembros de esta familia quiere ir a un restaurante distinto. David, quizá tú puedas encontrar alguna idea que nos saque de este atolladero."

C) *Deje que el niño alcance a escuchar cualquier comentario positivo que usted haga acerca de él.* "Papá, David y yo llegamos a un acuerdo esta mañana. Él no quería usar sus zapatos de hule; yo no quería que estuviera sentado todo el día en la escuela con los pies mojados. Por último, él pensó en la idea de usar sus zapatos viejos de lona para ir a la escuela y llevar unos calcetines secos y un par de zapatos para cambiarse.''

D) *Modele la conducta que le gustaría ver.* "¡Estoy tan decepcionada! Estaba entusiasmada con la idea de ir al cine esta noche y tu papá me recordó que habíamos convenido en ir juntos al partido de baloncesto. . . Oh, bueno, creo que podré posponer la ida al cine para la próxima semana.''

E) *Sea un depósito para los momentos especiales de su hijo.* "Recuerdo que al principio tenías ciertos sentimientos muy decididos acerca de ir a ese grupo de Niños Exploradores, pero después empezaste a pensar en ello y leíste algo sobre eso y también hablaste con algunos de los niños que están en ese grupo, y al fin decidiste intentarlo por ti mismo.''

F) *Cuando el niño actúa de acuerdo con el antiguo prototipo, manifieste sus sentimientos y/o sus expectativas.* "David, para las personas que asistirán a esa boda, tus viejos pantalones de mezclilla les parecerían una falta de respeto. Para ellas es como si dijeras, '¡Esta boda no es importante!'' De manera que, por mucho que detestes la idea de ponerte traje y corbata, espero que te vistas en la forma adecuada.''

G) *¿Hay algunas otras habilidades que podrían ser útiles?* Una mayor aceptación de los sentimientos de David. Más elecciones. Más resolución de problemas.

Ese fue el ejercicio que cambió mi dirección con David. Me hizo posible verlo bajo una nueva luz y después tratarlo como si apenas hubiera empezado a verlo. No obtuvimos ningún resultado dramático de la noche a la mañana. Algunos días todo iba muy bien, parecía que mientras más apreciaba la capacidad de David para ser flexible, más flexible podía ser él. Y algunos días todavía eran bastante malos, mi cólera y mi frustración me llevaban de vuelta a primera base y me encontraba entablando con él una nueva contienda a gritos.

Pero a la larga me rehusé a dejarme invadir por el desaliento. Me aferré a mi nueva actitud. Ese "determinado" hijo mío tenía una madre igualmente "determinada".

Un rápido recordatorio. . .

Para liberar a los niños de la representación
de papeles

1. BUSQUE LAS OPORTUNIDADES PARA ENSEÑARLE AL NIÑO
   UNA NUEVA IMAGEN DE SÍ MISMO O DE SÍ MISMA.

   "¡Tienes ese juguete desde que tenías tres años y parece
   casi nuevo!"

2. COLOQUE A LOS NIÑOS EN SITUACIONES EN LAS CUALES
   PUEDAN VERSE A SÍ MISMOS DE UNA MANERA DIFERENTE.

   "Sara, ¿quieres tomar el desarmador y apretar las jala-
   deras de estos cajones?"

3. DEJE QUE LOS NIÑOS ALCANCEN A ESCUCHAR CUALQUIER
   COMENTARIO POSITIVO QUE USTED HAGA ACERCA DE ELLOS.

   "Mantuvo el brazo firme a pesar de que la inyección le
   dolió".

4. MODELE LA CONDUCTA QUE LE GUSTARÍA VER.

   "Es difícil perder, pero trataré de ser un buen perdedor.
   ¡Felicidades!"

5. SEA UN DEPÓSITO PARA LOS MOMENTOS ESPECIALES DE SU
   HIJO.

   "Recuerdo aquella vez que tú. . .".

6. CUANDO EL NIÑO ACTÚE DE ACUERDO CON EL ANTIGUO
   ESTEREOTIPO, MANIFIESTE SUS SENTIMIENTOS Y/O SUS EX-
   PECTATIVAS.

   "No me agrada eso. A pesar de tus violentos sentimientos, espero que tengas ética deportiva."

* * *

El pequeño ahora ya creció. Apenas recientemente, un día que no quería escuchar ninguna razón (es decir, mi punto de vista), me alteré a tal grado que me olvidé de mí misma, acusándolo de ser un "testarudo".

Pareció sorprendido y durante un momento guardó silencio.

"¿Así es como me ves?", preguntó.

"Bueno, yo. . .yo. . .", empecé a tartamudear avergonzada.

"Está bien mamá", dijo suavemente. "Gracias a ti, tengo otra opinión de mí mismo."

SEGUNDA PARTE: HISTORIA DE LOS PADRES, PRESENTES Y PASADAS

He aquí las experiencias de varios padres que estaban decididos a liberar a sus hijos de los papeles en los cuales los habían estereotipado:

Durante las sesiones de asignarles un papel a los niños, empecé a sentir náuseas. Pensé en lo desagradable que había sido recientemente con Greg y en las cosas tan terribles que le he estado diciendo:

- "Me gustaría que te vieras a ti mismo. Estás actuando como un pelmazo."
- "¿Por qué siempre has de ser tú el que tiene esperando a todos?"
- "Creo que no debería esperar nada de ti. Para ahora ya sé lo detestable que eres."
- "Jamás tendrás ningún amigo."
- "Actúa como un niño de tu edad; te estás comportando como un bebé de dos años."
- "Comes en una forma tan desaliñada; nunca aprenderás a comer con corrección."

Pensaba en él como en mi "némesis" y jamás le aflojaba las riendas. Y para colmo de todo, esta semana tuve una conferencia con su maestra y ella se quejó de que era un niño inmaduro.

237

Hace algún tiempo probablemente habría estado de acuerdo con ella, pero ese día sus palabras me cayeron como una tonelada de ladrillos. Pensé que la situación no podría empeorar mucho, de manera que decidí aplicar algunas de las cosas que he aprendido en nuestras sesiones.

Al principio descubrí que estaba demasiado encolerizada para actuar con amabilidad. Sabía que Greg necesitaba alguna información positiva acerca de sí mismo, pero difícilmente podía hablar con él. De manera que la primera vez que hizo algo bien le escribí una nota. Le decía:

Querido Greg,

Ayer tuve un día de los más agradable. Tú me facilitaste las cosas al estar a tiempo para la ronda de recoger a los niños y llevarlos a la escuela dominical. Te levantaste temprano, te vestiste y estabas esperándome.

Gracias,

Mamá.

Unos días después tuve que llevarlo al dentista. Como de costumbre, empezó a correr por todo el consultorio; me quité mi reloj y se lo entregué, diciendo, "Sé que puedes sentarte y quedarte tranquilo durante cinco minutos". Pareció sorprendido, pero tomó asiento y se quedó tranquilo hasta que el dentista lo llamó.

Cuando salimos del dentista hice algo que nunca antes había hecho; fuimos él y yo solos a tomar un chocolate caliente y hasta sostuvimos una verdadera conversación. Esa noche, cuando lo llevé a la cama, le comenté que había disfrutado mucho los momentos que pasamos juntos.

Creo que resulta difícil creer que esas pequeñas cosas podrían significar una diferencia para Greg, pero ahora parece sentir más deseos de complacerme y eso me anima. Por ejemplo, dejó su libro y su chamarra en el piso de la cocina; por lo común, eso habría bastado para que empezara a gritarle. En vez de ello le comenté que me sentía enojada cuando tenía que recoger las cosas que él dejaba tiradas, pero que confiaba en que a partir de ese momento recordaría que debía dejar las cosas en su lugar.

Y a la hora de la cena, dejé de criticar a cada segundo sus modales en la mesa. La única vez que le digo algo es cuando hace

alguna cosa absolutamente descortés y entonces trato de decír-
selo una sola vez.

También estoy tratando de asignarle más responsabilidades
en la casa, con la esperanza de que empiece a comportarse en
una forma más madura. Le pido que saque la ropa de la secado-
ra, que baje del coche las compras de comestibles y las guarde
y otras cosas por el estilo. La otra mañana, incluso lo dejé que
se preparara sus huevos revueltos (y mantuve la boca cerrada cuando parte del huevo fue a parar al suelo).

Casi tengo miedo de decirlo, pero su comportamiento definitivamente ha mejorado. Quizá eso se debe a que yo soy mejor
con él.

* * *

Heather es nuestra hija adoptiva; desde el primer día que llegó
a nuestro hogar, fue motivo de alegría. Y siguió creciendo hasta
convertirse en una niña dulce y adorable. No sólo pensaba en
ella como en mi orgullo y mi alegría, sino que por lo menos una
docena de veces al día le decía la felicidad tan grande que había
traído a mi vida. No fue sino hasta después de leer el capítulo
sobre la representación de papeles cuando me pregunté si no le
estaría echando encima una carga demasiado pesada para que
fuera "buena" o mi "motivo de alegría." Y también me pregunté si en su interior no albergaría otros sentimientos que temía demostrar.

Mi preocupación me llevó a intentar un buen número de cosas nuevas. Supongo que lo más importante de todo lo que hice
fue pensar en algunas formas de hacerle saber a Heather que sus
sentimientos eran correctos, que era normal que se sintiera encolerizada, alterada o frustrada. Cuando me retrasaba media hora en ir a recogerla a la escuela, le decía, "Debió ser de lo más
irritante para ti tenerme que esperar tanto timepo". (En vez de
mi acostumbrada frase de, "Gracias por ser tan paciente, querida"). En otra ocasión le comenté, "¡Apuesto que sentiste el deseo de decirle cuatro frescas a tu amiga por romper una cita
contigo!". (En vez de mi comentario de costumbre, "Bueno, querida, los demás no son tan considerados como tú").

También traté de modelar lo que yo quería para ella. Empecé
a hablar con más frecuencia de mis propios sentimientos negati-

vos. El otro día le dije, "En estos momentos me siento malhumorada y me gustaría disfrutar de algunos momentos a solas". Y cuando me preguntó si podía prestarle mi nueva pañoleta le respondí que no tenía muchos deseos de compartirla con nadie, por lo menos no por el momento.

Traté de alabarla de un manera diferente. En vez de hablar constantemente de lo feliz que me hacía su esfuerzo en la escuela, le describía lo que *ella* había logrado ("Este informe está muy claro y muy bien organizado") y no decía más.

La otra mañana tuvimos una "primera vez". Heather estaba en la regadera y yo estaba lavando algunos platos. Empezó a golpear la pared y yo cerré a la mitad la llave del agua caliente. Poco después entró como un huracán a la cocina, gritando a todo pulmón, "¡Te *pedí* que no le abrieras a la llave del agua caliente! ¡Acabo de darme un regaderazo con agua helada!"

Si hubiera hecho eso hace un mes, me habría sentido sorprendida y le habría respondido, "Heather, ¡tú no acostumbras comportarte de esa manera!"

Pero esta vez le dije, "¡Ya veo lo enojada que estás! ¡Y mentalmente he tomado nota de que no debo usar *nada* de agua caliente la próxima vez que estés en la regadera!"

Tengo la impresión de que en el futuro Heather va a empezar a "expresarse" mucho más y estoy segura de que no me agradará todo lo que voy a escuchar, pero a la larga, todavía creo que para ella es más importante ser real que tener que seguir siendo un "motivo de alegría para mamá".

P.D. Ahora, siempre que escucho a los demás hablando de lo "buenos" que son sus hijos, me siento un poco desconfiada.

* * *

El día de ayer me encontraba en el campo de juegos con mis dos hijas. Alrededor de cuatro veces me escuché a mí misma pidiéndole a Kate, la mayor (de ocho años), "Vigila a Wendy". . . "Sosténla cuando se suba a la resbaladilla". . . "Asegúrate de estar cerca de ella".

Empecé a preguntarme si no estaría estereotipando a Kate en el papel de la Responsable Hermana Mayor. Es muy cierto, estaba demostrándole una gran confianza, pero quizá también le estaba causando demasiada presión. Y no obstante, en términos prácticos, a menudo necesito su ayuda.

También empecé a preguntarme si no estaría tratando a Wendy (de cinco años) como una bebita. He planeado ya no tener más hijos, de manera que me siento feliz tratándola de esa manera; después de todo, *es* mi bebé.

Mientras más pensaba en ello, más cuenta me daba de que es muy probable que Kate se sienta resentida. Se ha estado rehusando a regresar caminando a casa con Wendy a la salida de la escuela de verano y ya no quiere leerle cuentos. También me di cuenta de que a la edad de Wendy, Kate ya hacía muchas cosas por sí sola que Wendy todavía no hace, como servirse su propia leche.

Todavía no he hecho nada para remediar esta situación, pero poco a poco he empezado a adquirir la convicción de lo que necesitan mis dos hijas. Wendy necesita que la ayuden a tener más confianza en sí misma, en su mayor parte por su propio bien, pero también para que Kate tenga menos presiones. Y Kate necesita poder elegir qué es lo que desea hacer por su hermana, excepto cuando yo necesite absolutamente su ayuda. Y quizá de vez en cuando también yo debería dedicarme a mimar un poco a Kate, hace ya mucho tiempo que no lo hago.

* * *

Fue una suerte para Neil que yo asistiera a la reunión del grupo la semana pasada. Cuando llegué a casa esa mañana, recibí una llamada telefónica de mi vecina de al lado. La voz le temblaba; había visto a Neil cortando tres de sus tulipanes premiados cuando iba en camino a la escuela.

Yo estaba fuera de mí y pensé, "¡Ya volvimos a empezar!" Negará que él haya tenido nada que ver con eso, tal y como lo hizo cuando desarmó el reloj (después me encontré las piezas en su recámara). Y en la misma forma en que lo hizo cuando me comentó que había saltado un año en la escuela (cuando llamé a la maestra me informó que ya nadie lo hace). Últimamente ha estado mintiendo tanto que incluso su hermano ha comentado, "Mamá, ¡Neil está mintiendo otra vez!"

Sé que no he manejado bien la situación. Siempre le exijo que me diga la verdad y cuando no lo hace, por lo común, lo llamo mentiroso, le doy un sermón sobre la mentira o lo castigo. Supongo que lo único que he logrado ha sido empeorar las cosas, pero la honestidad es muy importante para mi esposo y para mí. No puedo entender cómo es posible que Neil sea así.

De cualquier forma, como antes dije, tuve suerte de haber asistido a la sesión sobre la representación de papeles, porque a pesar de que estaba muy alterada, sabía que no quería volver a asignarle otra vez a Neil el papel de "mentiroso".

Cuando llegó a casa a la hora de la comida, no discutí con él. ("¿Lo hiciste? ¿Estás seguro de que no lo hiciste? Esta vez no quiero que me mientas"). Abordé directamente la cuestión, diciendo, "Neil, la señora Osgood me dijo que cortaste sus tulipanes".

"No, no lo hice. ¡No fui yo!"

"Neil, ella te vio. Estaba parada frente a la ventana."

"Crees que *soy* un mentiroso; ¡*ella* es la que está mintiendo!"

"Neil, no quiero discutir contigo quién está mintiendo y quién no. El daño ya está hecho. Por alguna razón, decidiste cortar tres de sus tulipanes; ahora tenemos que pensar en alguna forma de enmendar lo hecho."

Neil empezó a llorar "Quería llevarle unas flores a mi maestra".

Le dije, "Oh, ya veo, de manera que fue por eso. Gracias por decirme lo que sucedió. . . A veces resulta difícil decir la verdad, en especial si crees que podrías meterte en problemas".

Entonces realmente empezó a sollozar.

Lo senté sobre mis piernas, diciendo, "Neil, ya veo que estás arrepentido, pero la señora Osgood está muy disgustada. ¿Qué podríamos hacer?"

Neil volvió a estallar en llanto. "¡Tengo miedo de ir a decirle que lo siento!"

"¿Puedes escribirlo?"

"No lo sé. . . ayúdame"

Preparamos una notita y él la escribió con letras de molde (está en primer año).

Le pregunté, "¿Crees que esta nota es suficiente?"

Pareció confundido.

"¿Qué te parecería si le compramos una maceta de tulipanes para llenar el espacio vacío?"

Neil dejó ver una gran sonrisa. "¿Podríamos hacerlo?"

Después de la escuela nos dirigimos a una florería. Neil escogió una maceta con cuatro tulipanes y dejó la maceta junto con la nota frente a la puerta de la señora Osgood. Después tocó el timbre y corrió a casa.

No creo que vuelva a cortar sus flores y de alguna manera tampoco creo que seguirá diciendo muchas mentiras. Simplemente sé que a partir de ahora será más franco conmigo y cuando no lo sea (debo ser realista) no le asignaré el papel de mentiroso. Encontraré alguna forma de facilitarle las cosas para que me diga la verdad.

* * *

Un día, casi al final de una sesión sobre la representación de papeles, uno de los padres de familia inició las remembranzas. Comentó, "Recuerdo que cuando era niño, acostumbraba comentar con mi papá toda clase de planes extravagantes. Él siempre me escuchaba con toda seriedad y después decía, 'Hijo, quizá tienes la cabeza en las nubes, pero tus pies están arraigados en el suelo'. Ahora bien, esa imagen que me ofrecía de mí mismo, de alguien que es un soñador, pero también de alguien que sabe enfrentarse a la realidad, ha sido la que me ha ayudado a salir adelante en algunas épocas bastante difíciles. . . Me preguntaba si alguien más de los aquí presentes tuvo esa clase de experiencia".

Hubo un silencio reflexivo mientras cada uno de nosotros empezaba a buscar en el pasado los mensajes que habían dejado una huella en nuestras vidas. Poco a poco, juntos, empezamos a recordar en voz alta:

"Cuando era pequeño, mi abuela siempre acostumbraba decirme que tenía unas manos maravillosas. Siempre que le enhebraba una aguja o que le deshacía los nudos de su estambre, decía que yo tenía 'manos de oro'. Creo que esa fue una de las razones por las cuales decidí convertirme en dentista."

"Mi primer año de magisterio fue algo abrumador para mí; temblaba cada vez que el director aparecía para presenciar una clase. Después, me daba uno o dos buenos consejos; pero siempre añadía, 'Nunca me preocupo por ti, Ellen. Básicamente, sabes corregirte a ti misma'. Me pregunto si alguna vez supo qué inspiración fueron para mí sus palabras. Dependía de ellas todos los días. Me ayudaron a creer en mí misma."

"Cuando tenía diez años, mis padres me compraron un monociclo; durante un mes me caía casi todo el tiempo. Pensé que nunca aprendería a andar en esa cosa; pero un día me encontré pedaleando ¡y conservando el equilibrio! Mi madre pensó que yo era admirable. A partir de entonces, siempre que me preocupaba por aprender algo nuevo, por ejemplo el francés, decía, 'Cualquier niña que puede andar en un monociclo no tendrá ningún problema con el francés' Yo sabía que su actitud era ilógica. ¿Qué tenía que ver andar en un monociclo con aprender un idioma? Pero me fascinaba escuchar su comentario. Eso sucedió hace casi treinta años. Pero hasta este día, siempre que me enfrento a un nuevo desafío escucho la voz de mi madre: 'Cualquier niña que puede andar en un monociclo. . . '. Quizá me río, pero a pesar de todo esa imagen me ayuda.''

Casi todos en el grupo teníamos un recuerdo que compartir. Cuando terminó la sesión, simplemente permanecimos sentados allí, contemplándonos unos a otros. El padre que nos hizo empezar a recordar movió la cabeza con extrañeza. Cuando habló, lo hizo por todos nosotros. ''¡Jamás subestimen el poder que pueden ejercer sus palabras en la vida de una persona joven!''

7 | Cómo reunir todos estos conocimientos

Los padres nos han comentado que el proceso de liberar a los niños de la representación de papeles es bastante complicado. Implica no sólo todo un cambio de actitud hacia el niño, sino que además requiere un conocimiento adecuado de muchas habilidades. Uno de los padres nos comentó, "Para cambiar un papel, en verdad es necesario ser capaz de reunirlo todo, sentimientos, autonomía, alabanzas, alternativas para el castigo, todo absolutamente".

Con objeto de ilustrar el contraste entre el padre bien intencionado y el padre que se relaciona tanto con habilidad como con amor, hemos escrito dos escenas (basadas en personajes de *Padres liberados/Hijos liberados*). En cada una de ellas, la pequeña Susie, de siete años, trata de representar el papel de "La Princesa". A medida que vean la forma en que mamá se enfrenta a su hija en esta primera escena, quizá desee preguntarse a sí mismo, "¿Qué otra cosa podría haber hecho?"

La Princesa—Primera parte

MAMÁ: ¡Hola todo el mundo, ya estoy en casa!. . . ¡Hola, Susie!. . . ¿No vas a decirle "hola" a mamá? (*Susie alza la vista con indolencia y sigue dibujando, sin prestar atención a su madre.*)

MAMÁ: (*depositando sus paquetes*). Bueno, creo que ya casi todo está listo para las visitas de esta noche. Ya tengo los panecillos, la fruta y (haciendo oscilar una bolsa de papel frente a su hija, tratando de provocar una sonrisa en ella) una pequeña sorpresa para Susie.

245

SUSIE: (*apoderándose de la bolsa*). ¿Qué me compraste? (*sacando las cosas, una a la vez*). ¿Crayones?. . . Qué bien. . . un estuche para lápices. . . (*con indignación*) ¡una libreta azul! Sabes que odio el azul. ¿Por qué no me compraste una roja?

MAMÁ: (*defendiéndose*). Sucede, querida jovencita, que fui a dos tiendas y en ninguna encontré libretas rojas. En el supermercado no había y tampoco en la papelería.

SUSIE: ¿Por qué no buscaste en la tienda cerca del banco?

MAMÁ: No tuve tiempo.

SUSIE: Pues bien, regresa. No quiero la libreta azul.

MAMÁ: Susie, no voy a hacer otro viaje sólo por un cuaderno. Hoy tengo muchas cosas qué hacer.

SUSIE: No usaré la libreta azul; sólo desperdiciaste tu dinero.

MAMÁ: (*suspirando*). ¡Vamos, eres una niña mimada! Siempre tienes que salirte con la tuya, ¿no es así?

SUSIE: (*recurriendo a la seducción*). No, no es verdad, pero el rojo es mi color favorito y el azul es tan feo. ¡Oh, por favor, mami, por favor!

MAMÁ: Bueno. . . . tal vez pueda ir después.

SUSIE: Oooh, que bien. (*Vuelve a sus dibujos.*) ¿Mami?

MAMÁ: ¿Sí?

SUSIE: Quiero que Betsy se quede a dormir esta noche.

MAMÁ: Vamos, *eso* está fuera de toda discusión. Sabes que papá y yo tenemos invitados a cenar esta noche.

SUSIE: Pero ella *tiene* que quedarse a dormir esta noche; ya le dije que sí podía quedarse.

MAMÁ: Pues bien, vuelve a llamarla y dile que hoy no es posible.

SUSIE: ¡Eres muy mala!

MAMÁ: No soy mala, es sólo que no quiero niñas estorbándome cuando tengo invitados. ¿Recuerdas el comportamiento tan escandaloso de ambas la última vez?

SUSIE: No te molestaremos.

MAMÁ: (*en voz alta*). ¡La respuesta es no!

SUSIE: ¡Tú no me quieres! (*empezando a llorar*).

MAMÁ: (*acongojada*). Vamos, Susie, sabes perfectamente bien que te quiero (*tomando con ternura el rostro de la pequeña entre sus manos*). Vamos, ¿quién es mi princesita?

SUSIE: Oh, por favor, mami, ¿por favor? Nos portaremos muy bien.

MAMÁ: (*empezando a ceder por el momento*). Bueno. . . (*moviendo la cabeza*). Susie, no resultará bien. ¿Por qué siempre tienes que hacerme las cosas tan difíciles? ¡Cuando digo "no" es "no"!

SUSIE: (*arrojando al suelo sus cuadernos de dibujar*). ¡Te odio!

MAMÁ: (*con severidad*). ¿Desde cuándo acostumbramos arrojar los cuadernos al suelo? Recógelos.

SUSIE: No lo haré.

MAMÁ: ¡Recógelos en este instante!

SUSIE: (*Gritando a todo pulmón y arrojando los crayones al suelo, uno a la vez*). ¡No! ¡No! ¡No! ¡No!

MAMÁ: ¡No te atrevas a seguir tirando al suelo esos crayones!

SUSIE: (*arrojando otro crayón*). Lo haré si quiero.

MAMÁ: (*pegándole a Susie en el brazo*). ¡Te dije que ya basta, mocosa malcriada!

SUSIE: (*gritando*). ¡Me pegaste! ¡Me pegaste!

MAMÁ: Rompiste los crayones que acabo de comprarte.

SUSIE: (*llorando histéricamente*). ¡Mira! Me dejaste una marca.

MAMÁ: (*muy trastornada, le frota el brazo a Susie*). Lo siento, querida. Sólo es un pequeño rasguño; debí hacértelo con la uña. Desaparecerá muy pronto.

SUSIE: ¡Me *lastimaste*!

MAMÁ: Bien sabes que no fue mi intención. Mami no te lastimaría por nada de este mundo. . . ¿Sabes qué? Vamos a llamar por teléfono a Betsy para decirle que puede venir esta noche. ¿Te sentirás mejor con eso?

SUSIE: (*todavía llorosa*). Claro.

Como puede ver, hay ocasiones en las cuales simplemente no bastan el amor, la espontaneidad y las buenas intenciones. Cuando los padres se encuentran en la línea de fuego, también necesitan ciertas habilidades.

La Princesa—Segunda parte

MAMÁ: ¡Hola todo el mundo, ya estoy en casa!. . . Hola, Susie, veo que estás muy ocupada dibujando.

SUSIE: (*sin alzar la vista*). Así es.

MAMÁ: (*depositando sus paquetes*). Vaya, creo que ya estoy lista para recibir a los invitados que vendrán esta noche. A propósito, te compré algunos artículos escolares cuando fui de compras.

SUSIE: (*apoderándose de la bolsa*). ¿Qué me compraste? (*sacando las cosas*). Crayones. . . qué bien. . . estuche para lápices. . . (*indignada*) ¡una libreta azul! Sabes que odio el azul. ¿Por qué no me compraste una roja?

MAMÁ: ¿Por qué crees que no lo hice?

SUSIE: (*titubeando*). ¿Por que no había rojas?

MAMÁ: (*haciéndole justicia a Susie*). Lo adivinaste.

SUSIE: Entonces debiste ir a otra tienda.

MAMÁ: Susie, cuando me tomo la molestia de comprar algo especial para mi hija, lo que me gustaría escuchar es: "Gracias, mamá. . . gracias por los crayones. . . gracias por el estuche para lápices. . . gracias por comprarme otra libreta, aun cuando no sea del color que me gusta".

SUSIE: (*de mala gana*). Gracias. . . pero todavía creo que el azul es feo.

MAMÁ: No cabe duda, ¡cuando se trata de colores, eres una persona de gustos muy definidos!

SUSIE: ¡Claro!. . . estoy dibujando todas las flores rojas. . . Mamá, ¿puede quedarse a dormir Betsy esta noche?

MAMÁ: (*meditando en la petición*). Papá y yo tendremos visitas. Pero por supuesto será bienvenida cualquier otra noche. ¿Te parece el próximo sábado?

SUSIE: Pero *tiene* que quedarse a dormir esta noche. Ya le dije que podía venir.

MAMÁ: Como veo las cosas, Susie, la elección es mañana por la noche o el próximo sábado. Lo que tú prefieras.

SUSIE: (*con los labios temblorosos*). Tú no me quieres.

MAMÁ: (*acercando una silla y sentándose a su lado*). Susie, ahora no es el momento de hablar de amor. Estamos tratando de decidir cuál es la mejor noche para que tu amiga venga de visita.

SUSIE: (*llorosa*). La mejor noche es esta noche.

MAMÁ: (*persistente*). Lo que queremos es encontrar un momento que satisfaga tus necesidades y las mías.

SUSIE:	¡No me importan tus necesidades! ¡Eres muy mala conmigo! (*Arroja al suelo su cuaderno de dibujar y empieza a llorar*).
MAMÁ:	¡Escucha, no me agrada esto! ¡Los libros no son para tirarlos al suelo! (*Recoge el cuaderno y le quita el polvo*). Susie, cuando experimentas un sentimiento de violencia por algo, manifiéstame tus sentimientos en palabras. Puedes decirme, "Mamá, ¡estoy enojada!. . . ¡estoy muy alterada!. . . contaba con que Betsy se quedara a dormir esta noche".
SUSIE:	(*en un tono acusador*). ¡Íbamos a hacer galletitas con chispas de chocolate y a ver la televisión!
MAMÁ:	Ya veo.
SUSIE:	Y Betsy iba a traer su bolsa de dormir y yo iba a poner mi colchón en el suelo, junto a ella.
MAMÁ:	¡Ya veo que habían planeado toda la noche!
SUSIE:	¡Lo hicimos! Hoy todo el día estuvimos hablando de eso en la escuela.
MAMÁ:	Puede ser de lo más frustrante esperar algo con ansia y después tener que cambiar de planes.
SUSIE:	¡Es verdad! Entonces, ¿puede venir esta noche, mami, por favor. . . por favor. . . te lo suplico?
MAMÁ:	Quisiera que esta noche fuera conveniente para mí porque tú lo deseas tanto. Pero no es así. (*Se pone de pie*). Susie, ahora debo ir a la cocina. . .
SUSIE:	Pero, mami. . .
MAMÁ:	(*Saliendo*). Y mientras preparo la cena, estaré pensando en lo decepcionada que te sientes.
SUSIE:	Pero, mami. . .
MAMÁ:	(*hablando desde la cocina*). Tan pronto como decidas qué otra noche te gustaría que Betsy viniera de visita, por favor me lo dices.
SUSIE:	(*Camina hasta la mesita del teléfono y marca un número*). Hola, Betsy. No podrás venir esta noche. . . mis padres tienen unos aburridos invitados a cenar. Puedes venir mañana o el próximo sábado.

En esta segunda dramatización, la madre poseía las habilidades necesarias para impedir que Susie representara el papel de la "Princesa". ¿No sería maravilloso si también en la vida real siempre pudiésemos encontrar la clase de respuestas que sean útiles para nuestros hijos, así como también para nosotros?

Pero la vida no es un libreto ameno que pueda memorizarse y después actuarse. Los dramas de la vida real en los cuales los niños nos obligan a participar no nos dejan mucho tiempo para ensayar o para meditar con cuidado. No obstante, con nuestras nuevas guías, aun cuando podamos decir cosas de las cuales después nos arrepentimos y nos lamentamos, tenemos una dirección muy clara, a la cual podemos volver.

Hay ciertos principios básicos de los cuales podemos depender. Sabemos que no podemos alejarnos mucho en la dirección equivocada si nos tomamos el tiempo para escuchar los sentimientos de nuestros hijos; o para hablar de nuestros propios sentimientos; o para trabajar en términos de futuras soluciones, en vez de hacerlo en términos de pasadas culpas. Quizá nos apartaremos temporalmente de nuestro curso, pero hay muy buenas probabilidades de que jamás volveremos a extraviarnos completamente en el camino.

Un pensamiento final: Nosotros tampoco debemos estereotiparnos en ningún papel, buenos padres, malos padres, padres tolerantes, padres autoritarios. Debemos empezar a pensar en nosotros mismos en primer lugar como seres humanos, con un grandioso potencial para el crecimiento y el cambio. El proceso de vivir o de trabajar con niños es de lo más exigente y agobiante; se requiere tener corazón, inteligencia y resistencia. Cuando no estamos a la altura de nuestras expectativas, y no siempre lo estaremos, debemos ser tan bondadosos con nosotros mismos como lo somos con nuestros pequeños. Si nuestros hijos merecen mil oportunidades y después una más, también debemos concedernos a nosotros mismos mil oportunidades, y después dos más.

En resumen, ¿de qué trata este libro?

Por el solo hecho de leer este libro, ya se ha exigido mucho a sí mismo. Ha sido necesario absorber nuevos principios, poner en práctica nuevas habilidades, aprender nuevos patrones y olvidarse de antiguos patrones. Con tantas cosas de dónde elegir para convertirlas en algo propio, en ocasiones resulta difícil no perder de vista nuestra perspectiva más vasta. De manera que una vez más y por última vez, veamos de qué se trata este método de comunicación.

- Queremos encontrar una forma de vivir unos con otros de manera que podamos sentirnos satisfechos de nosotros mismos y ayudar a las personas que amamos a sentirse satisfechas de sí mismas.

- Queremos encontrar una forma de vivir sin culpas ni recriminaciones.

- Queremos encontrar una forma de ser más sensibles a los sentimientos de los demás.

- Queremos encontrar una forma de expresar nuestra irritación o nuestra cólera sin causar ningún daño.

- Queremos encontrar una forma de respetar las necesidades de nuestros hijos y a la vez respetar nuestras propias necesidades.

- Queremos encontrar una forma que haga posible que nuestros hijos sean solícitos y responsables.

- Queremos romper el ciclo de inútiles charlas que se ha transmitido de generación en generación y dejarles a nuestros hijos un legado diferente, una forma de comunicación que puedan usar durante el resto de sus vidas con sus amigos, sus compañeros de trabajo, sus padres, sus cónyuges y algún día con sus propios hijos.

Algunos libros que puede encontrar interesantes

Axline, Virginia M. *Dibs: En busca del yo*. Editorial Diana, S.A. de C.V. México 1977.

Granden, Nathaniel. *The Disowned Self*. Nueva York, Bantam Books, 1972.

Boston Women's Health Book Collective. *Ourselves and Our Children*, Editorial Diana, S.A. de C.V., 1983.

Dreikurs, Rudolf y Soltz, Vicki, *Children: The Challenge*, Nueva York, Hawthorne, 1964.

Faber, Adele y Mazlish, Elaine. *Liberated Parents/Liberated Children*. Nueva York, Avon, 1975.

Fraiberg, Selma. *The Magic Years*. Nueva York, Scribner's, 1959.

Ginott, Haim. *Between Parent and Child*. Nueva York, Avon, 1969.

Ginott, Haim. *Between Parent and Teenager*. Nueva York, Avon, 1971.

Ginott, Haim. *Teacher and Child*. Nueva York, Avon, 1975.

Gordon, Thomas. *PET en acción*. Editorial Diana, S.A. de C.V. México 1978.

Joseph, Stephen M. *Mommy! Daddy! I'm Afraid!* Nueva York, Collier Books, 1979.

Índice

Aceptar sus errores, 209

Acostarse, la hora de, problemas y soluciones, 100, 146-148, 171, 182, 214-215

Actitud de los padres, su importancia, 47-49, 90

Actividad física como escape de la cólera, la, 44-46

Acusar y culpar para obtener cooperación, 66, 67, 70

Advertencias, 173
    acerca de la alabanza, 205-206
    acerca de la resolución de problemas, proceso, 138-139
    en el trato con los niños y sus sentimientos, 47-50
    para lograr cooperación, 68, 70, 97, 98, 99

Alabanzas, las, 189-217
    advertencias acerca de, 205-206
    amor propio, el, 190-192, 196, 204, 205, 209-217
    ayudar a los niños a vencer el miedo al fracaso, 208-209
    descriptiva, alabanza, 194-217
    ejercicio, 196-198
    evitar la mención de pasadas habilidades o fracasos, 206-207
    "esto no me sorprende", 208
    "me siento orgulloso de ti", 207
    excesiva, 206
    historias de los padres, 209-217
    incorporación de problemas, 192-194

Alabanzas (*continuación*)
    preguntas de los padres, 209
    resumir con una o dos palabras la conducta digna de, 199-203, 204

Amenazar para obtener cooperación, 68-70

Amor propio de los niños, el, 103, 191-192, 196, 204, 205, 209, 217, 223

Anotar todas las posibles soluciones a los problemas, 118, 139-140, 143, 148, 150-151

"Aptitudes", demostrar respeto a las posibles, 177-178

Autonomía, fomentando la, 153-188
    aconsejar, 179-181
    advertencias, 173
    alternativas para el castigo, 110, 118, 129-130, 133-135, 242
    dependencia en los niños, sentimientos de, 154-156
    ejercicio, 156-167
    habilidades para, 156, 166, 171-177
        cuidarse de decir demasiados "no", 177-178
        dejar que los niños hagan sus propias elecciones, 156, 163, 165, 166, 170, 171-172, 181-182, 185-186, 187-188
        dejar que sea dueña de su propio cuerpo, 176
        dejar que el niño responda él mismo, 176
        demuestre respeto hacia los

Autonomía (continuación)

    esfuerzos de un niño, 163,
    166, 170, 172-173, 181-182

    demuestre respeto a las posibles
    "aptitudes" de su hijo, 177

    manténgase alejado de las
    minucias de la vida de los
    niños, 176

    no hablar de un niño enfrente
    de él, 176

    no hacer demasiadas preguntas,
    156, 163, 166, 170, 173, 174,
    183

    no precipitarse a dar respuestas,
    156, 164, 166, 175, 176, 184

    no quitarle la esperanza, 156,
    164, 166, 175, 176, 184

Berrinches, 43-46, 53, 59-60, 143,
    177-178
Branden, Nathaniel, 191

Calificaciones, 186-187
Caso contra las nalgadas, el, 132
Castigo, alternativas para el, 105, 152
    acerca del castigo, 109-110, 136
    con un niño pequeño, 127
    demostrarle al niño cómo cumplir
    en forma satisfactoria, 110, 118,
    130, 131, 133-135, 242-243
    ejercicio, 116-118
    emprender alguna acción, 110-118
    expresar enérgica desaprobación,
    110, 126, 130-131, 137
    historias de los padres, 127-131
    indicar lo que se espera, 110-126
    medidas preventivas, 109-110
    motivos para castigar, 107-108
    ofrecer una elección, 110-118
    opiniones de los expertos sobre el
    castigo, 131-133
    permitir que el niño experimente
    las consecuencias, 110, 127-129
    preguntas de los padres, 127-131
    resolución de problemas. Véase
    Resolución de problemas
    sentimientos de los niños, los, 107-
    109

Castigo (continuación)

    tarea, 125-126
Cólera, 149-152
    externar sentimientos, 44-45
    niños encolerizados, 34-36, 44-46,
    150-152, 239-240, 249
    padres encolerizados, 90-91,
    98-103, 129, 131, 133-137
Comentarios de mártir, para obtener
    cooperación, 68, 70
Cómo reunir todos estos
    conocimientos, 245-252
Comparación, método para ganar
    cooperación, 68-70
Compasión, responda a la, 21
Consecuencias de la conducta de los
    niños, permita que las
    experimente, 116, 127-128
Consejo como respuesta a los
    problemas, 20
    absténgase de dar consejos, 34-35
    46, 51-52, 167-168, 179-181
Cooperación, como obtener, 63-103,
    105
    actitudes, 90
    advertencias, 68, 70, 97, 99
    amenazas, 67, 70
    cambio de imagen negativa ante
    los niños, 92
    combinación de habilidades para
    obtener comunicación a través
    de, 86, 87
    comentarios, preguntas e historias
    de los padres, 90-103
    comparar, 69
    con humor, 93
    cuando decir "por favor", 90-91
    descubrir que repite, 93
    discursos y sermones, 68, 70
    ejercicios, 71-86
    habilidades para, 71-87, 89, 94-96
    cuando la respuesta es "sí al
    rato", 94
    dar información, 71, 83, 89,
    96-97
    describir, 71
    decir con una palabra, 71, 83,
    89, 97-98

Cooperación (continuación)
    escribir una nota, 71, 84, 99-
      102
    hablar de sus sentimientos, 71,
      83, 89, 98-99
    hacer lista del día con expectativas
      realistas y no realistas, 66
    métodos cómodos, usados para,
      66, 70-71
      culpar y acusar, 66-67, 70
      ordenar, 67-68
    por qué no se logra la
      comunicación, 91-92
    sarcasmo, 69, 71
    ser auténtico, 86
    tareas, 88
    uso de calificativos, 67, 70
Culpar y acusar para ganar
    cooperación, 66, 67, 129-130
    de padres a hijos, 139

Dando información, 167, 178
    para obtener la cooperación, 71,
      83, 89, 96-97
Daniels, Dr. David N., 132
Deberes escolares, 185
Defensa de la otra persona, 21
Demostrar al niño cómo cumplir en
    forma satisfactoria, 110, 118,
    130-131, 133-135, 242
Dependencia. Véase Autonomía,
    fomentándola,
Desaprobación, exprese su, 110, 126,
    129-130, 137
Describa el problema y gane
    cooperación, 71-89, 94
    95
Discursos para obtener su cooperación,
    68, 70

El comentario de una palabra
    compromete la cooperación, 71,
      83-84, 89, 97-98
Enseñar a ir al baño, resolución
    aplicada a este problema, 143,
    177-178
Escuchar, 22-23, 40
    resultados en sus hijos, 93-94

Escucharse uno mismo, 105-106
Esperanza, fomenta la autonomía, el
    niño tiene, 136, 164, 166,
    175-176, 184

Faber, Adele, 213, 214, 245
Fraiberg, Dr. Selma, 130, 132-133

Gilmartin, Dr. Brian G., 132
Ginott, Dr. Haim, 15, 108-109, 193-194
Giulia, Dr. Marsitall F., 132

Hermanos, rivalidad entre, 54-55,
    149-150, 183-184, 240-241
How to father (Dodson), 132
Human Behavior, 132
Humor como medio para fomentar la
    cooperación, 93

Imagen propia de los niños, la,
    191-192, 196
    cambios que pueden resultar
      negativos, 92
    cómo ven los padres a sus hijos.
      Véase Representación de papeles,
      liberando a los niños de la.
    uso de calificativos, 67, 70
Imaginación, concédale sus deseos en
    la, 23, 40, 88
Independencia, véase fomentando la
    autonomía, 165
Indicarle lo que usted espera de él,
    110, 126
Infelicidad, compartiendo la, 51-58,
    208-209
Intimidad física de los niños, la, 176

Magic years, The (Fraiberg), 130, 133
Mazlish, Elaine, 213, 245
Medidas útiles, 110
Mintiendo, 241-243
Modelar la conducta que se desea ver,
    224, 232, 235, 236

Nalgadas, 132-133
Negación de sentimientos. Véase Los
    sentimientos de los niños.
    compartiendo

Newsday, 133

Niños estereotipados. *Véase*
Representación de papeles,
liberando a los niños de la
"No" alternativas para el, 178-179
olvidándose de decir demasiados,
177-178
Nombrar los sentimientos de los niños,
23, 40
mala identificación, 43-44
Nota, escritos acerca de, 185, 231,
238
método para resolución de
problemas, 141
obtener su cooperación, 71, 83-84,
89, 99-101

Ochberg, Dr. Frank M., 132
Ordenar, para ganar cooperación,
67-68

Padres liberados/hijos liberados (Faber
y Mazlish), 213, 245
Permisivos, padres, 46
Pensar antes de decir "no", 178-179
"Por favor", cuando se dice, 90-91
Preguntas
abstenerse de hacer demasiadas
preguntas, 156, 163, 166, 169,
173-174, 183
a sí mismo cuando crea que no
está logrando "comunicarse",
92
de los padres,
acerca de la alabanza, 207-209
acerca del castigo, 127-131
acerca de cómo obtener la
cooperación, 90-94
acerca de los sentimientos de
los niños, 41-47
no apresurarse a, 156, 164, 166,
169, 183-184
una respuesta al problema, 20, 21
volver a plantear el problema como
una, 180
Prevención y alternativas para el
castigo, 110
"Princesa, la", 245-249

Profecías para obtener su cooperación,
69-71
Psicoanálisis de aficionado como
respuesta al problema, 21
Psychology of self-esteem, The
(Branden), 191

Realizando sus propias ambiciones,
profecía. *Véase* Representación de
papeles, liberando a los niños
de la.
Reconocimiento de sentimientos, 23,
32, 40, 41-42, 166, 178
ejercicio, 32-33
historias de los padres, 52-55
Recursos fuera, anime a los niños a
emplear, 156, 164, 166, 170,
174-175
Repitiendo a sí mismo, 93-127
Representación de papeles, liberando a
los niños de la, 219-244, 245
confronte a los niños frente a
situaciones diferentes, 224, 232,
234, 235, 236
cuando el niño actúe de acuerdo
con el antiguo estereotipo, 224,
233, 236
efectos del amor propio, 222, 223
ejercicio, 232-233
enseñar al niño una nueva imagen
de sí mismo, 224, 232, 234, 236
estereotipando a los niños,
219-244, 235-237, 242-244
habilidades para, 224, 232, 235,
236
dejar que los niños expresen
opiniones positivas sobre el
tema, 224, 234-235, 256
ser un depósito para los
momentos especiales de su
hijo, 224, 232-233, 236
historias de los padres, 237-244
modelar la conducta que le
gustaría ver, 224, 232, 235, 236
palabras para ayudarlo a llevar a la
práctica sus habilidades, 232-233,
234-235, 236
preguntarse a sí mismo, 231-233

Representación de papeles, 36-39
   resolución de problemas, 122-124
   situación del niño, la, 36
   situación del padre, la, 37
Resolución de problemas, 118-124,
   126, 166, 224-231
   advertencias, 138-140
   anotar alternativas a la solución,
   142
   anotar todas las ideas, 118,
   140-141, 143, 148-149, 150-151.
   Véase Alternativas para el castigo.
   ayudar para ir al baño, 143
   buscar juntos una solución, 118,
   138-139, 146, 147-148
   conflictos entre hermanos y
   hermanas, 149-150
   cuando se aproxima una falla,
   140-142
   ¿da usted todo lo necesario?, 140,
   141
   edad del niño, la, 141-142
   expresar juntos sugerencias
   concretas, 118, 139, 140, 146-147,
   148, 151-152
   hablar de los sentimientos del niño,
   118, 138-139, 142-143
   hablar de sus propios sentimientos,
   118, 138-139, 140-141, 146-147
   historias de los padres, 141-152
   preguntas de los padres, 140-141
   representación de papeles, 122-124
   "sintonizarse", 138
   tarea, 125-126
Responsabilidad. Véase Fomentando la
   autonomía
Respuesta de empatía, una, 22-23
Respuesta filosófica, la, 20
Retraso, MG-124

Sarcasmo para obtener cooperación,
   69-70, 71
Seguridad en sí mismo. Véase
   Fomentando la autonomía
Sentimientos de los niños. Véase
   Los sentimientos de los
   niños, para compartirlos,
   ofreciendo una elección.

Sentimientos (continuación)
   como alternativa al castigo, 110,
   118
   para fomentar la autonomía, 156,
   163, 165, 170, 171-172, 181-182,
   185-186, 187,188
Sentimientos de los niños, tratando
   con los, 15, 60, 61, 63, 65
   a una respuesta de empatía, 22-23,
   40-42, 63-64
   aceptando, reconociendo, 23, 32,
   33, 40, 42, 53, 54, 55, 64, 178,
   179
   acerca del castigo, 107, 108-109,
   117-118, 132-134
   advertencias, 47-50
   comentarios, preguntas e historias
   de los padres, 39-61
   conceder sus deseos en la
   imaginación, 23, 40, 58-60
   cuando la presencia es suficiente,
   48
   cuando usted siente que lo arruinó
   todo, 47
   dar nombre a, 23, 40
   dibujo de, 44-46
   "entiendo cómo te sientes", un
   enfoque, 43
   escuchando, 2-23, 40
   estar de acuerdo, 42
   fomentando la autonomía, 165
   "llegando más allá", 45
   mala identificación, 43
   miedo al fracaso, ayudando a
   vencerlo, 208-209
   negando, 16-20, 23
   obteniendo cooperación, 66-71
   permisivos, padres, 46
   qué preguntas es mejor no hacer,
   41-42
   repitiendo las palabras del niño, 47
   repitiendo los calificativos que los
   niños emplean para sí mismos,
   49
   resolución de problemas, 118,
   138-139, 142
   representación de papeles, 36-38
   respuesta "correcta" pero fría, 48

Sentimientos (*continuación*)
   tratando con la infelicidad, 56-58,
      208-209
   utilizando términos como "te odio"
      o "eres muy mala", 43-44
Sentimientos de los padres. *Véase*
      Animando a la cooperación;
      resolución de problemas,
      alternativas para el castigo
Sermoneando, 93
Sermones para obtener su
      cooperación, 68, 70
"Siento, lo" cuando los niños dicen,
      131
Sustituir el "no" por un "sí", 179

Tarea,
   para compartir con los niños sus
      sentimientos, 39-41
   para fomentar su autonomía,
      169-170
   para obtener cooperación, 88
   para alabar, 203
   para resolver el problema, 125-126

Universidad de Stanford, Escuela de
      Medicina de la, 132
Uso de calificativos para obtener su
      cooperación, 67, 70
Violence and the Struggle for Existence
      (estudio), 132